बुद्ध का कमण्डल लद्दाख़

कृष्णा सोबती

बुद्ध का कमण्डल लद्दाख़

कृष्णा सोबती

राजकमल प्रकाशन
नयी दिल्ली पटना इलाहाबाद

बुद्ध का कमण्डल : लद्दाख़

पहला संस्करण : 2012

मूल्य : ₹ 1200

प्रकाशक
राजकमल प्रकाशन प्राइवेट लिमिटेड
1-बी, नेताजी सुभाष मार्ग, दरियागंज, नई दिल्ली-110 002

शाखाएँ : अशोक राजपथ, साइंस कॉलेज के सामने, पटना-800 006
पहली मंजिल, दरबारी बिल्डिंग, महात्मा गांधी मार्ग, इलाहाबाद-211 001

वेबसाइट : www.radhakrishanprakashan.com
ई-मेल : info@radhakrishanprakashan.com

मुद्रक
बी.के. ऑफसेट
नवीन शाहदरा, दिल्ली-110 032

BUDDH KA KAMANDAL : LADDAKH
by Kirshna Sobti

ISBN : 978-81-267-2353-9

साज-सज्जा एवं अभिकल्पना : नरेन्द्र श्रीवास्तव
फोटोग्राफ़्स : सिद्धार्थ एवं सरबजीत सिंह बावरा

हिमालय की स्वायत्तता

हिमालय की स्वायत्तता अदम्य है। प्रकृति द्वारा सिरजित हिमालय एक ऐसा पाठ है, जो न किन्हीं हाथों द्वारा लिखा जा सकता है, न निर्मित ही किया जा सकता है।

❛लेह समुद्र तल से 11,500 मीटर की ऊँचाई पर है। श्रीनगर-लेह राजमार्ग के बीच पड़नेवाला नगर, कारगिल, समुद्र तल से 9000 मीटर की ऊँचाई पर है।❜

विशाल विराट हिमालय

विशाल विराट हिमालय की भौगोलिक, ऐतिहासिक स्वायत्तता अजर-अमर है। उसका साम्राज्य हजारों मील लम्बा है और सैकड़ों रंग-रूपों में सुशोभित है। हिमालय के चालीस शिखरों के धवल-कलश, मीनार, बुर्ज, कुंडल-चक्र और घुमाव देखकर हर भारतीय मन ही मन उसका नाम लेकर नमन होता है। अकारण नहीं कि हिमालय की धवल ऊँचाइयों पर हमारे तीर्थस्थान स्थित हैं। हिमालय न जाने कितने भारतीय ग्रन्थों का स्त्रोत है। वह अपने रहस्यमय एकान्त में चिन्तन की वह कड़ी है जिसने हमारे देश का आख्यान लिख दिया है और इस भूखंड पर बर्फीली चोटियों, ऊँचाइयों, ढलानों, घाटियों, पर्वत-श्रेणियों, नद-नदियों और झीलों के फैलाव अंकित कर दिए हैं। भारतभूमि की खेतियों को लहलहा दिया है। हमारी धरती को गंगा, जमुना की धाराओं से सरसा दिया है।

ऐसा गतिमान वृत्तान्त मानवीय हाथों से नहीं लिखा जाता। न ही नश्वरों द्वारा बनाया, उगाया जाता है। यह प्रकृति की महिमा है कि महान हिमालय हमारी भारतभूमि का भाष्य है।

'हिमालय हमारे देश का मस्तक है। भारतीय जनमानस का भौगोलिक आध्यात्मिक स्रोत...'

हमारे पूर्वज-पुरोधाओं ने कहा

हमारे पूर्वज-पुरोधाओं ने कहा है कि हम सैकड़ों जन्मों में भी हिमालय का शंसा-गान न कर सकेंगे। हिमालय का प्रशस्ति-गान भला एक जन्म में कब सम्भव है!

ऊँचाइयों के गहरे सर्द ताप के मौन गाम्भीर्य से सृजित महान हिमालय का भौगोलिक स्थापत्य हमारे देश का मस्तक है, हमारी सीमाओं का संरक्षक है।

हिमालय देश की चारों दिशाओं में फैले भारतीय जनमानस का भौगोलिक, आध्यात्मिक स्रोत है। शिखरों पर स्थित तीर्थों का पवित्र प्रतीक है। भारतीय मन की रुचियों को उद्वेलित करती कलात्मक अभिव्यक्तियाँ इसी उद्गम से निकली नदियों के साथ-साथ प्रवाहित होती रही हैं। भारत-भूमि और उसके नागरिकों के मानस को सींचती रही हैं। हिमालय हमारे भूगोल और इतिहास का महानायक है। हमारी संस्कृति और इतिहास की महागाथा है।

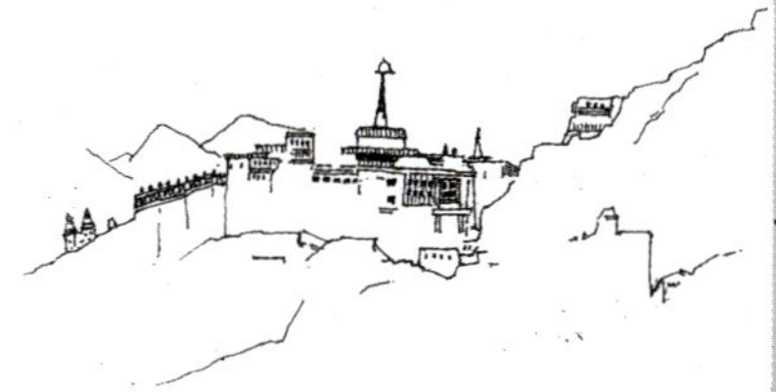

बहुत से पर्वतीय स्थान

देश के बहुत-से पर्वतीय स्थान—शिमला, चैल, कसौली, मंसूरी, चकराता, नैनीताल, रानीखेत, अल्मोड़ा, मुक्तेश्वर, धर्मशाला, पालमपुर, कौसानी, इम्फाल, शिलांग, दार्जिलिंग, गंगटोक देख लेने के बाद मैं अब दक्षिण भारतीय पहाड़ों पर जाने का मन बना रही थी। जानकारियाँ इकट्ठा कर रही थी कि संयोग से एक दुपहर शास्त्री भवन की लाइब्रेरी में यूनेस्को द्वारा प्रकाशित और मदनजीत सिंह द्वारा लिखित 'हिमालय आर्ट' की प्रति मेरे हाथ लगी। शुरू के कुछ पन्ने पलटे। सरसरी निगाह से चित्र देखे तो लद्दाख़ के अध्याय पर अटक गई। अद्भुत लैंडस्केप। पहाड़ों का अनोखा विस्तार।

चित्रकार सरबजीत सिंह की लद्दाख़-शृंखला की प्रदर्शनी याद हो आई। सोचा दक्षिण जाने से पहले क्यों न लद्दाख़ तक होकर लौटा जाए और लौटते में श्रीनगर, गुलमर्ग और जम्मू भी देख लिया जाए।

उस दुपहर मदनजीत साहिब के कैमरे का कमाल देखते-देखते ऐसा लगा कि लद्दाख़ जाने के इरादे के साथ मैं एक और निर्णय लेने जा रही हूँ। वह यह कि पहले लद्दाख़ देखूँगी फिर लौटकर ही 'हिमालय आर्ट' को पढ़ूँगी। मैं इस प्रति को पढ़ने से पहले अपनी सैलानी आँखों से लद्दाख़ को देख, जान लेना चाहती हूँ। ताकि मेरा

लद्दाख़ी प्रार्थना

'सूर्य महाराज उदय हो रहे हैं, शिखरों तले बिछी उन घाटियों पर जहाँ खुशियाँ और उल्लास चमकते हैं। भगवान करे, सूर्यदेव की किरणें मेरे इस पितृदेश पर बरसती रहें जहाँ मैंने जन्म लिया है।'

सैलानी संवेदन इस वृत्तान्त को ही न ढूँढ़ता रहे जो मदनजीत साहिब जैसे बौद्ध और हिमालय के विशेषज्ञ द्वारा प्रस्तुत किया गया है। वहाँ से लौटकर ही सजगता से इस टैक्स्ट को पढ़ूँगी और स्मृति में लद्दाख़ी गोम्पाओं की अनुभूतियों को दोहराऊँगी। एटलस पर लद्दाख़ सही किया और शाम एयर-लाइंस पर टिकट बुक करवाया और अपने डॉक्टर साहिब से लद्दाख़ के लिए जरूरी हिदायत ले, घर लौटी। अगला दिन रहा लद्दाख़ की कल्पना करने में और वहाँ की रिजर्वेशंस करने-करवाने में।

सुबह पालम हवाई अड्डे से दिल्ली-लद्दाख़ फ्लाइट ली। विमान के उड़ते ही नाश्ता। चाय, कॉफी खत्म ही हुई थी कि चंडीगढ़ पहुँच गए।

विमान में हलचल। चंडीगढ़ में बच्चा-यात्री क्या आने शुरू हुए कि बच्चों की चरपर-चरपर से विमान गूँजने लगा। ताजी आवाजों का शोर। जैसे, पक्षियों के झुंड के झुंड एक-सा स्वर निकाल रहे हों। शायद इस बच्चा रेजीमेंट को कोई स्कूल भ्रमण पर लद्दाख़ ले जा रहा है? नहीं, मालूम हुआ, स्कूली बच्चे दशहरा, दीवाली की छुट्टियों में लद्दाख़ में टिके रेजीमेंट में अपने-अपने पिताओं के साथ छुट्टियाँ बिताने जा रहे हैं।

हमें उन बच्चों पर खूब लाड़ आया और उनके पिताओं पर गुमान, अभिमान जो अपने परिवारों से दूर रह, हमारे देश की सीमाओं की रक्षा करते हैं।

मेरे पास विंडो सीट थी। मैं जहाज की ऊँचाइयों से बाहर देखने लगी। विमान से दीख रही है नीचे की हरियाली, कुछ ऐसे जैसे किसी नक्शे पर अंकित हो। कहीं छोटी-छोटी बस्तियाँ—ऐसे दीखें जैसे धरती पर रंग-बिरंगे छींटे पड़े हों, टिमके लगे हों।

‘यह जानना सुखद लगा कि अशोक महान द्वारा कलिंग युद्ध के बाद बौद्धधर्म अपनाने की ऐतिहासिक घटना को लद्दाख़ ने वार्षिक समारोह के रूप में याद रखा है। इस विशेष दिवस को खूब धूमधाम से मनाया जाता है।’

अब विमान बादलों के ऊपर उड़ रहा है। नीचे दीख रहे हैं नीले आकाश के मंच पर विभिन्न आकारों में चमचमाते बादलों के झुंड! क्या सजीला आकाश है! बादलों का टुकड़ा छँटने से दिखने लगीं नीली बर्फीली चोटियाँ। हिमालय की पर्वत शृंखला। एक मँझोले पठार पर एक समतल पट्‌टी। काश कि हम पैराशूट से यहाँ उतर सकते। पहलगाँव का मजा पहाड़ों के सुनसान वीराने में ही मिल जाता।

बादलों की दौड़-धूप में पहाड़ों के बदलते रंग। ऊँचे, मँझोले, छुटके पहाड़ों के झुंड के झुंड, ऊपर धवल बर्फीली शृंखलाएँ—एक-दूसरे से सटी-सटी।

जितने में नाश्ता चॉकलेट, टॉफी बँटीं और बच्चों की शरारती आवाजें—एक और, एक और... इतने में एयरहोस्टेस अनाउंस कर रही हैं—

—कुछ ही देर में आपका विमान लेह पहुँचनेवाला है। यात्रियों से निवेदन है कि बेल्ट बाँधे रहें। हमने नीचे देखा—भूरी ग्रे चट्‌टानों के रेगिस्तान के बीचोबीच नीले पानी की धार ऐसी दीखी जैसे एटलस के पन्ने पर चित्रित हो।

कुशल पायलट ने पर्वतों से घिरे सँकरे से गलियारे की हवाई पट्‌टी पर विमान उतार दिया। सामान लिये बाहर निकले। सामने लैंडरोवर की कतारें नम्बरवार लगी हैं।

'जोजीला दर्रा श्रीनगर के उत्तर-पूर्व में जन्सकार श्रृंखलाओं में स्थित है जो समुद्र तल से 11,578 फुट की ऊँचाई पर है। यह जन्सकार श्रृंखला बाल्टीस्तान के दियोसाई मैदानों को कश्मीर की घाटी से अलग करती है।'

ड्राइवर साहिब ने मुस्तैदी से सूटकेस उठाया— किस होटल में साहिब!

—सर्किट-हाउस।

इधर-उधर देखा। नजर कभी ऊपर, कभी नीचे। लगा यह लैंडस्केप किसी दूसरी दुनिया का है। दूर-दूर तक चट्टानें-ही-चट्टानें। एक दूसरे से लगी पहाड़ों की शृंखलाएँ, बर्फीले शिखर! नीले आकाश का चँदोवा जैसे यह रहा। इतना नजदीक कि जब चाहें छू लें।

दूसरे पर्वतीय स्थानों से कितना अलग। वहाँ चाय बागानों को घेरे हुए पहाड़ों की गाढ़ी, गहरी हरियाली और यहाँ दूर-दूर तक बिछा चट्टानों का विपुल भंडार। वहाँ पहाड़ों में चमचमाते झरने और यहाँ कठोर शुष्क दृश्यावली के विस्तार ही विस्तार। यहाँ प्रकृति द्वारा कम से कम रंगों का चुनाव। ऊपर निर्मल नीला आकाश, श्वेत फेनिल बादलों से सजा और नीचे पीले, रेतीले, मटमैले में स्लेटी ऊँचे बर्फीले शिखरों को लुभाती ग्रे काली ताम्बई और दालचीनी रंग की चट्टानें।

पहाड़ों पर पहुँचते ही ठंडी हवाएँ आपको सुहाती हैं। आप महसूस करते हैं कि आप मैदानी गर्मी से ठंडक में पहुँचे हैं। यहाँ कार्डराई के जोड़े में गर्मी लग रही है। मुझे जाने क्यों एक साथ चम्बा और दार्जिलिंग याद हो आए।

सर्किट हाउस

सर्किट हाउस पहुँचकर पाया कि चौकीदार साहिब गैरहाजिर हैं। उनके दरवाजे पर बाहर से साँकल है। अन्दर के सभी कमरे बन्द हैं। सिर्फ सर्किट हाउस की सीढ़ियों का किवाड़ खुला है। उसके पीछे की खुली खोली में सूटकेस और बैग रखा। बाहर खड़े-खड़े गर्मी महसूस हुई। थरमस खोल पानी पिया, फाटक बन्द कर बाहर निकल आई और धीमे-धीमे उसी सड़क पर चलने लगी जिससे टैक्सी इधर आई थी।

मोड़ के बाईं ओर होटल का बोर्ड नजर आया। पहले चाय, फिर पानी के साथ टैबलेट। अन्दर छाँह में कुछ राहत महसूस की। बढ़िया चाय का मजा लिया।

थरमस भरवाई और पानी से लैस होकर सड़क पर दुगुने जोश से चलने लगी। पानी यहाँ नियामत से कम नहीं। मोड़ तक पहुँचते-पहुँचते साँस फूलने लगी और सिर में महसूस की कुछ अजीब-सी हलचल!

दिल्ली में डॉक्टर साहिब ने बता दिया था कि लद्दाख़ की-सी ऊँचाई में कुछ उलझनें होंगी ही। तबीयत कुछ ऐसी कि इस गर्म दुपहर में लौटने के सिवाय कोई चारा न था। अगर सर्किट हाउस अब भी बन्द पाया तो टूरिस्ट सेंटर से मदद लेनी

होगी। दाएँ-बाएँ देखा। बाएँ के वीराने की ओर बढ़ी। देखा कि—पीली धूप के सिवाय कोई दूसरा रंग नहीं। ऊपर की धूप से फिर हलक सूखने लगा। थरमस खोलने को ही थी कि सामने की दीवार पर नजर पड़ी। 'ठंडा पेय'। उधर बढ़ी तो विदेशी युवक दुकानदार से कुछ बातचीत कर रहे थे। मैं पहुँची तो उन्होंने हैलो की।

-हैलो।

-मैं इतालवी—ऐन्जिलो।

-मैं निकोलस।

-मैं भारत से हूँ।

एक ठंडी बोतल हाथ में ली। दोनों युवक शशोपंज में थे। पीने या न पीने का मन बनाने में खासा वक्त ले रहे थे।

लद्दाख़ी दुकानदार ने हिन्दी में कहा—

-मैम, इन्हें बजट की परेशानी है।

अपनी प्यास शान्त कर मैंने कहा—

-आप चाहें तो ठंडा पीजिए—यह मेरी तरफ से।

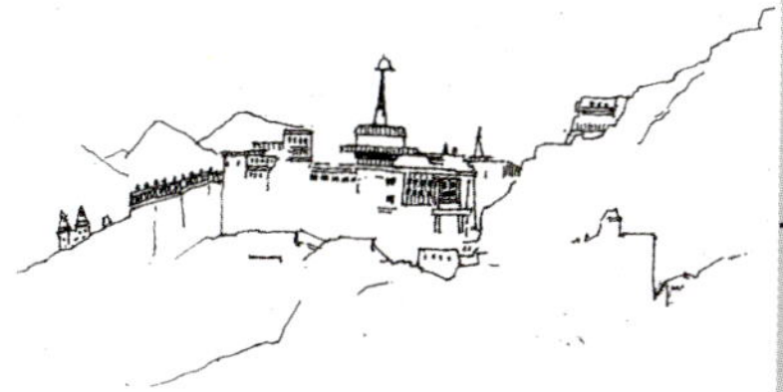

-नहीं मैम, थैंक्यू।

मैंने थरमस खोली—

-यह ले लीजिए।

उन्होंने कंजूसी से कुछ घूँट लिये। थैंक्स किया और मैं लेह नगर की पहली पहचान के लिए लेह बाजार की ओर चल दी, शहर की सहज सम्भावनाओं से परिचित होने।

बुक शॉप।

—गुड मार्निंग मैम।

—लद्दाख़ पर कुछ देख सकती हूँ।

—जी मैम। इधर की सब शैल्फ और बीच में भी। लेह में आपकी पहली विजिट है क्या?

—जी हाँ।

हिमालय पर ढेर सामग्री देख आँखें जैसे चौंधिया रही हों। देशी-विदेशी प्रकाशन। अनोखे चित्रों से दिल-दिमाग को घेर लेनेवाले। अद्भुत फोटोग्राफ। दिल्ली में

देखे हुए लद्दाख़ के कुछ चित्रों के लिए रामकुमार की याद ताजा हो आती है। पतले-दुबले रामकुमार और क्या अभिनव अंकन की ख्याति!

क्या यहाँ वक्त गुजारने में कंजूसी की जा सकती है— मुकाबला कड़ा है कि अपनी आँखों से कुछ देख सँजो लिया जाय या बुक शॉप में पन्नों पर जानकारियों के बाहर दृष्टव्य की अनमोल शृंखलाएँ देख ली जाएँ। खासा वक्त पन्ने पलटने में गुजारा। फिर कुछ किताबें चुनीं और लद्दाख़ पर पाठ्य-सामग्री लेकर बाजार की ओर बढ़ गई।

रात 'हिस्ट्री ऑफ लद्दाख़' के पन्ने पलटे तो अपनी मूर्खता पर हँसी। दिल्ली में यह निर्णय कि मदन गोपाल साहिब की 'हिमालय आर्ट' लेह देख आने पर पढ़ूँगी। जैसे लेह भी दार्जिलिंग, शिलांग, नैनीताल जैसा शहर हो जिसकी स्थानीयता को आप स्वयं अपने यात्री अनुभवों से देख सकें और अपनी चेतना में समेट लें। पैदल चलते-चलते यहाँ इस गर्मी में यह कब मुमकिन है।

यह लेह है—लद्दाख़ स्थल—बौद्ध थान—ऊपर आसमान का असीम और पहाड़ों की शृंखलाओं का विस्तार। यात्री के लिए जितना टूरिस्ट सेंटर जरूरी है, उतनी ही बुकशॉप भी।

रात लेटी तो ऐसी गहरी खामोशी रही

रात लेटी तो ऐसी गहरी खामोशी बनी रही जो दिल्ली में कभी महसूस नहीं होती। आँख मिची ही थी कि सांय-सांय की तीखी आवाज से चौंकी। उठकर खिड़की के काँच से बाहर देखा। तनिक-सी खिड़की खोली। कोसों की रफ्तार से सर्द हवाएँ तनातनी में न जाने कहाँ उड़ी जा रही हैं। हवाओं के वेग से किवाड़ बजने लगे। बत्ती जलाने को हाथ बढ़ाया—लाइट गायब। अँधेरा और अन्धड़ एक साथ। टेकन लगाकर बैठी रहती हूँ, फिर इस शोर से आतंकित होकर सो जाती हूँ।

नींद खुली।—घड़ी देखी।—साढ़े तीन। बाहर झाँका। हवाएँ अपना जल्वा दिखाकर जाने अब धीमी गति से कहाँ अठखेलियाँ कर रही होंगी। आसमान पर तारे टिमटिमा नहीं रहे, जगमगा रहे हैं। कुछ ही देर में सुनहली भोर। ऊषा की स्तुति में रची गईं ऋचाएँ याद हो आईं।

सीमान्तों को पार कर भारत में आनेवाले आर्य समूह ने विराट हिमालय की शान्त, मगर रोमांचकारी छवियाँ देख इसे देव-स्थल मानकर ऋग्वेद में काव्यात्मक ऋचाओं को ध्वनित किया है।

प्रशंसा में जो उच्चारण किया है, वह अद्‌भुत है। सूर्य, धरती, आकाश, अग्नि,

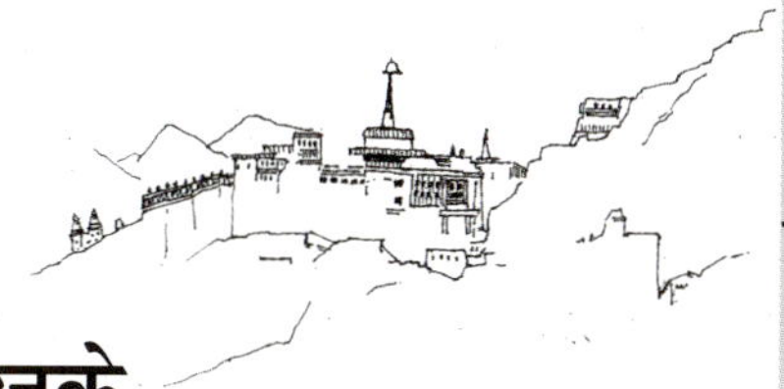

वायु, ऊषा की ऋचाएँ अतुलनीय हैं। स्तुति में यह भी कहा गया है कि उनके निकट महान हिमालय बड़ा सगुण है।

यहाँ मैं प्रतीक्षा में हूँ कि गुलाबी सुनहली किरणें दिखें। दार्जिलिंग के टाइगर हिल्स का सूर्योदय आँखों में घूम गया है। घना कोहरा ऐसा कि हाथ को हाथ न दिखे। तनाव भरी प्रतीक्षा के क्षण। क्या सूर्योदय को देखने के लिए धुंध छँटेगी! देखते-देखते कोहरा गायब हो गया और माउंट एवरेस्ट के पीछे झाँकता, उघड़ता आलोक और पीली सुनहली किरणों के बीच सूर्य भगवान आकाश में। पर निथरे आकाश पर अभी भी तारों का जमावड़ा है। पर मेरी आँखें जड़ी हैं वह अलौकिक दृश्य देखने को जो सिर्फ पर्वत शिखरों पर ही दिखता है। रुको, अभी कुछ देर है। तेजस्वी सूर्य की किरणें दीखने को! पूर्व दिशा पर एकाग्र करती हूँ अपने को, जहाँ से उदय होते सूर्य की किरणें शिखरों को अलंकृत करेंगी। यह सोचते ही आँखें झपकीं और लद्दाख़ का निथरा-निर्मल आकाश उजले प्रकाश से सींच दिया गया।

मैं सीढ़ियाँ उतर लॉन में घूमने लगती हूँ। प्रकाश की यह रश्मियाँ तेजस्वी सूर्य के साथ नित-नित धरती और आकाश की परिक्रमा करती रहें। शिखरों के गहन रहस्यों को उलाँघती हजारों मील लम्बी नदियाँ अपनी-अपनी जलधाराओं से सन्तानों को पोषित करती रहें। जीनेवालों के परिश्रम को ऊर्जा और उद्यम से उत्साहित करती रहें।

बिजलीघर के सामने

बिजलीघर के सामने चहल-पहल देखकर उधर ही चल निकली। लेह का हाट बाजार लगा है। छुटकी-छुटकी दुकानें। स्वेटर, मोजे, टोपियाँ, शाल और बच्चों के जूते। खिलौने। कुछ स्टालों पर विदेशी पुराने गर्म कपड़ों के ढेर। एक लद्दाख़ी युवक के हाथ में कुछ चित्र देखे। स्थानीय चित्रकारों द्वारा अंकित। अंकन खासा बढ़िया मगर कागज जरा पतला। दो-तीन बार ध्यान से देखे। दाम पूछे। पाँच रुपए का एक। मैंने लेने का मन बना लिया था, वह दस भी कहते तो मैं लेती।

—आपके पास और भी हैं।

—नहीं मैम, इतने ही हैं।

—जरा इन्हें गिन लीजिए।

—जी। बीस हैं।

मैंने सौ रुपए दे दिए और लिफाफे की माँग की। वह किसी स्टॉल पर से एक लिफाफा ले आए।

—बहुत धन्यवाद!

वहाँ से सीधे बाजार में पलटी। स्टेशनरी की दुकान से एक फाइल ली और गहरे सन्तोष से उसमें चित्र रखकर 'ड्रीमलैंड' की ओर बढ़ गई-खाने के लिए।

लौटने में हवाएँ चलने लगी थीं। पहले हल्की, फिर तेज और तेज। मैंने भी चाल तेज की। इस बीच बिजली गुल हो गई। सितारों की रोशनी में लगभग दौड़ते हुए फाटक पर पहुँची। अब तक आँधी की परछाइयाँ अपने पूरे जोम पर सन्नाटों को अपने साथ उड़ा रही थीं। यह हवाएँ भी यहाँ की प्रकृति का ही चमत्कार हैं। सरद-गरम हवाएँ सुबह हल्की और कभी सूरज के तेज ताप से तूफानी बन जाती हैं। इनके रूखे भँवर अपने शोर के साथ अंधड़ की शक्ल में बदल जाते हैं और पहाड़ों से लगे सन्नाटों को झँझोड़ते चले जाते हैं।

बिस्तर में लेटे-लेटे सन्नाटों को दहला देनेवाला सांय-सांय का शोर सुनती रही। फिर मन-ही-मन कल का प्रोग्राम तय करने लगी। पहले लेह गोम्पा, फिर नाश्ते के लिए ड्रीमलैंड, टूरिस्ट सेंटर पहुँचकर ही अगला कदम।

काश! आँधी की जगह बरखा होती। हवाओं की थर्राती आवाज तो नींद में परेशान न करती। सोते-सोते देखा लम्बी-चौड़ी सुनसान घाटियों में मजे-मजे घूम रही हूँ। कभी चट्टानों पर चढ़-उतर रही हूँ। कभी पत्थरीली घाटियों में दौड़ रही हूँ। कभी सपाट वीराने में घोड़ा दौड़ा रही हूँ। सहसा एक भारी आवाज ने हमें रोका।

—हाल्ट। ध्यान से सुनो—

‘लेह के टूरिस्ट सेन्टर पर खासी भीड़ रहती है। देशी-विदेशी सैलानी। दीवार पर बने नक्शे पर हिमालय के ऊँचे शिखरों के नाम, समुद्र तल से ऊँचाई, नद-नदियाँ, झीलें, ग्लेशियर, गोम्पा, गाँव नगर और पर्वतारोहण के ट्रैकिंग रूट्स। विदेशी अधिकतर ट्रैकिंग रूट्स पर जाते हैं।’

8848

8578

8114

7817

7755

8615

घबराकर नींद से उठी। जल्दी-जल्दी नम्बर नोट कर लिये। आखिर क्या हैं यह नम्बर जो सपने में दोहराए गए हैं। हो सकता है लद्दाख़ी सैनिक तम्बोला खेलते हुए यह नम्बर बोल रहे हों।

नींद खुली। घड़ी देखी। साढ़े तीन। उठकर खिड़की खोली और अधखुली रहने दी। पहाड़ों की ताजगी अन्दर आने दी। बाहर जाने के लिए तैयार होती हूँ। नीचे उतरकर देखती हूँ। सूरज भगवान अभी दीख नहीं रहे पर पहाड़ियों के पीछे से लाल और पीली रोशनी की किरणें आकाश को नए तिथि-वार से सँवार रही हैं। लगता है, भोर हो चुकी। टाइगर-हिल्स दार्जिलिंग का सूर्योदय याद हो आया तो मन-ही-मन भारत में जन्म लेने का भाव जगाती हूँ। हिमालय की पुण्यभूमि लद्दाख़ में होने का सगुन मनाती हूँ। दक्षिण जाने को थी और धुर उत्तर में पहुँच गई हूँ।

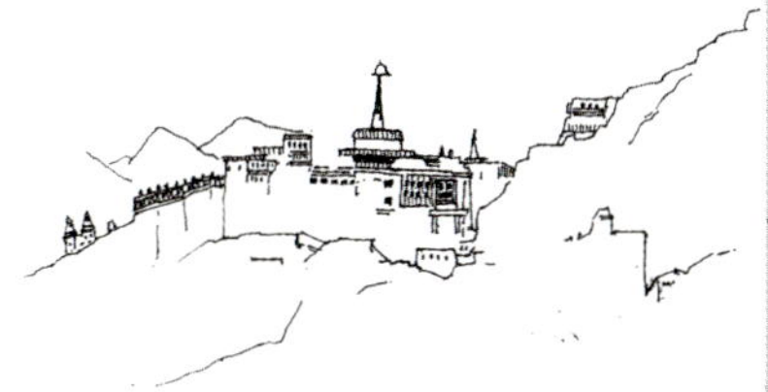

सूर्य महान पूर्व से

सूर्य महान पूर्व से अपने तेज से ऊपर आ रहे हैं।

वह हमारे सुखों के शिखरों को सम्पन्न करते अपना प्रकाश फैला रहे हैं।

सूर्य महान, आपकी किरणें हमारे पितृदेश को सदा सजाती रहें और चमकाती रहें। हमारे लेह के पवित्र स्थानों को उजराती रहें...

सचमुच ही तेज चमकीली धूप चमकाती है इस नगर को।

कंजूसी से एक बाल्टी पानी में स्नान किया और चुस्ती से लेह के सम्कर गोम्पा में दर्शन करने को चल दी। चौकीदार साहिब द्वारा बताया गया रास्ता ढूँढ़ना मुश्किल नहीं। पथरीली चट्टानों को चुनौती देती पाँव तले की पीली-पीली रेतीली धूल। लद्दाख़ की प्रकृति का अंकन आख्यान कुछ ऐसे कि विभिन्न रंग-रूप तुलनात्मक शैली में अभिव्यक्त हुए हैं। ऊँची बर्फीली चोटियाँ हैं तो मँझोली पहाड़ियाँ भी। आकाश को छूते शिखर हैं तो आराम से पसरी चट्टानें भी। हिमशिखर जमे हैं मजबूती से मगर पानी की जलधाराएँ बूँद-बूँद रिसती हैं। ठंडक पिघलती है धूप में और धूप उसे सोख लेती है। घाटी-भर में सन्नाटे पड़े हैं मगर रात में तूफानी हवाओं का जबर शोर होता है। प्रकृति के इस भौगोलिक आकाश के विस्तार की

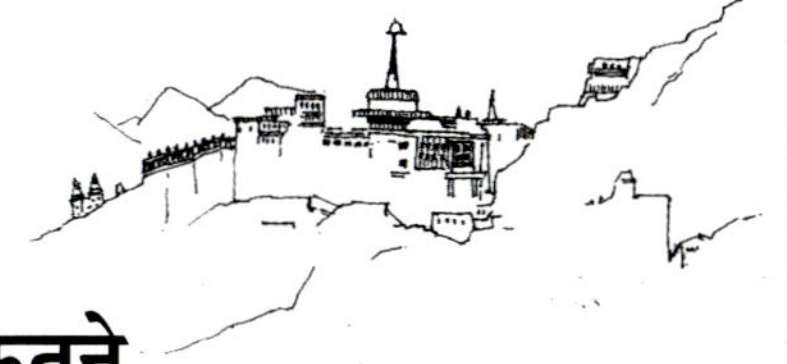

नीलाहटें हैं तो हिमालय का बर्फीला ठाठ भी। कड़ियलपन में न जाने कितने इतिहास छिपे हैं।

बौद्ध-विहार में पहुँचते-पहुँचते ऐसा उजाला फैला कि दुपहर उतरने को हो। दक्षिण और उत्तर की पहाड़ियों के परिधान चमक रहे हैं।

याद हो आती है कंचनजंघा। रास्ते में कुछ बच्चे, कुछ सयाने मिलते हैं। बच्चे हँस-हँसकर 'जुले-जुले' पुकारते हैं। मैं 'जुले-जुले' कहकर उनका अभिवादन करती हूँ।

विहार पहुँची तो कपाट बन्द पाए। सिर झुका नमस्कार किया और लौट पड़ी। फिर आना होगा। सुबह की पहली चाय की तलब। बाजार की ओर पहुँची और सीढ़ियों से पिछवाड़े की ओर उतर गई। शायद सुबह-सुबह खुल जानेवाला कोई ढाबा-दुकान हो। एक के साथ एक लगे घर, पक्की गली और सीढ़ियाँ।

कोने के चबूतरे पर खड़ी लद्दाख़ी महिला। हँसकर कहा—

-जुले जुले।

मैंने भी खुशी-खुशी नमस्कार किया।

फिर उनसे पूछा—

—कहीं चाय मिलेगी?

—यहाँ से सीढ़ियाँ चढ़कर दाएँ जाइएगा—

—धन्यवाद, आप तो अच्छी हिन्दी बोल रही हैं।

—हम सब लोग समझते-बोलते हैं।

—और अंग्रेजी?

—युवा लद्दाख़ी अंग्रेजी भी खूब पढ़-लिख सकते हैं।

—अच्छा है। फिर मिलेंगे।

सीढ़ियाँ चढ़कर ऊपर आई।

इधर-उधर ताक-झाँक की। चाय की दूकान का पट नहीं खुला था। हाँ, चाय का विज्ञापन जरूर दुकान से झाँक रहा था। सोचा कल वाले होटल में ही जाना होगा।

कदम उठाया ही था कि सामने बरामदे में खड़े किसी ने 'गुड मार्निंग' कहा।

पलटकर कहा—गुड मार्निंग।

—कहाँ से हैं?

—दिल्ली से।

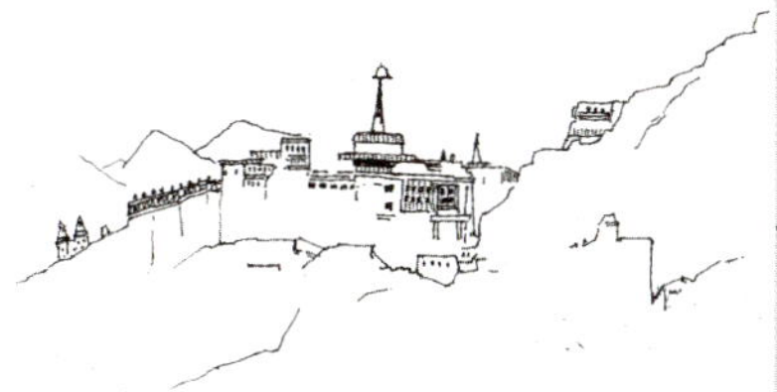

—आइए, मेरे साथ चाय लीजिए।

—आपको सुबह-सुबह तकलीफ देना नहीं चाहती।

—वह हँसीं। मुझे खुशी होगी। अपने लिए बना रही हूँ।

आमने-सामने दो बेंच और बीच में लम्बी मेज। कोने में गैस और उस पर केतली।

—क्या मैं कुछ मदद करूँ?

—थैंक्यू।—मेज पर दो प्याले आ गए।

—आप कब से हैं लेह में।

—मेरे पति इस चर्च के पैस्टर हैं। कल श्रीनगर से लौटेंगे।

—यह चर्च कितना पुराना है!

—लेह में इस चर्च की उपस्थिति खासी पुरानी है। 1885 से यहाँ है।

—मैं खुश हूँ कि इधर निकल आई और आपसे भेंट हो गई।

फिर आने का वायदा कर मैं उनसे इजाजत लेती हूँ। वह मुझे 'डेली-वाच वर्ड' की एक पुस्तिका भेंट करती हैं।

‘ड्रीमलैंड रेस्त्राँ’ में ब्रेकफास्ट करके मैं जेबी साइज की पुस्तक के पन्ने पलटती हूँ।

यह संस्करण 1976 में प्रकाशित है और मूल टैक्स्ट का 255वाँ संस्करण है।

1730 में ‘वाचवर्ड’ का पहला संस्करण प्रिंटिंग के लिए गया और 1731 में प्रकाशित हुआ।

ऐतिहासिक महसूस करती हूँ। राह में चलते-चलते मैंने कुछ कीमती पा लिया।

‘वाचवर्ड’ के एक पृष्ठ पर दी गई इन पंक्तियों को दोहराती हूँ।

-प्रभु ने हमें यह धरती दी
उसी ने दिया हमें सितारों भरा आकाश
वही इस जगत की गरिमा के स्वामी हैं।
अन्तर की गहराइयों से
हम उन्हें हर पल याद रखें।

‘लद्दाख़ का पहला अखबार लद्दाख़ी भाषा में मोरीवियन मिशन के हरमन फ्रैन्को ने निकाला।’

मैं धीमी चाल से लेह गोम्पा से लौट रही हूँ

ऊपर निर्मल उजला आकाश, नीचे चाँद की-सी धरती और उस पर चलती मैं—इस विशाल दृश्य का हिस्सा।—मैं मन ही मन ऋचाओं के भावलोक को दोहराने लगती हूँ।

धरती और आकाश की परिक्रमा करते सात घोड़ोंवाले रथ में तेजस्वी सूर्य।

सन्तानों की यात्राओं को सफल करने कि वह उड़ सकें उस तेज बाज की तरह जो अपने लक्ष्य को नहीं छोड़ता।

यशस्वी सूर्य हिमालय के शिखरों पर सदा-सदा चमकते रहें।

हमें अपनी ऊर्जा से भरते रहें।

मैं ऊषा काल में इस पर्वतीय धरती पर चलते हुए ऋचाओं के कुछ शब्द, कुछ पंक्तियाँ मूल में गुनगुनाना चाहती हूँ—पर कुछ भी कंठस्थ नहीं। मैं खामोशी से मन ही मन कुछ अपना ही गुनगुनाती हूँ।

तीन लोक

माना जाता है कि देवताओं के लोक का रंग श्वेत है। धरती पर मानवीय लोक का रंग लाल है।

थल के नीचे पानी का पाताल लोक नीले रंग का है। अजीबो-गरीब जगह है भारत का यह टुकड़ा—लद्दाख़। उजली तीखी धूप और घाटी के पेंदे में सुनसान इलाकों के विस्तार फैले पड़े हैं। तरह-तरह के रंगों की चट्टानें। मटमैली, स्लेटी, ताम्बई और रेतीली भी।

लद्दाख़ कई नामों से जाना जाता रहा है—

मारयुल (लाल धरती)
मांगयुल (बहुत से लोगों का घर)
की-खाछान-पा (बर्फ की धरती)।

इतिहासकारों के मत के अनुसार प्रसिद्ध चीनी यात्री ने इस प्रदेश का जिक्र इसी नाम से किया है। इसे बुद्ध का कमण्डल भी कहा जाता है।

एक और सार्थक और सुन्दर नाम लद्दाख़ का—बुद्ध थान। बौद्ध विहार गोम्पाओं को देखकर मुझे यह नाम बहुत भाया।

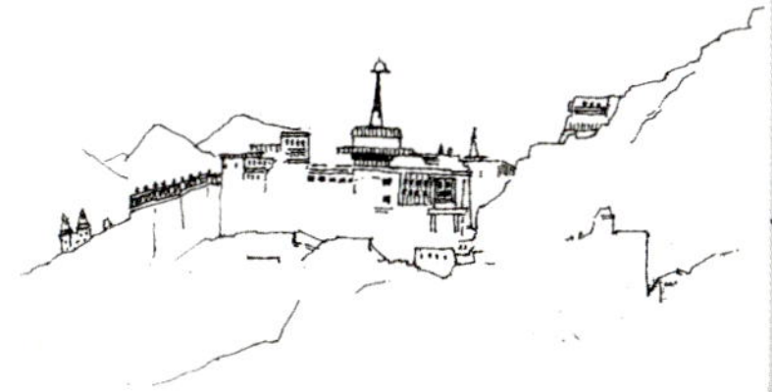

इस लोक के अस्तित्व में आने की बौद्ध परिकल्पना कितनी सुन्दर!

पृथ्वी ग्रह के आरम्भ की बौद्ध परिकल्पना इस पहेली गीत में कितनी सुन्दर है—

यह पृथ्वी पहले-पहल एक झील पर उभरी थी।
उस झील के पानी पर भला क्या उगा?
उस झील के पानी पर हरित उग आया।
उस हरित पर भला फिर क्या हुआ?
उस पर खड़े हो गए तीन शिखर।
उन तीन शिखरों का नाम क्या?
एक का नाम हुआ—श्वेतमणि
दूसरे का नाम हुआ—लालमणि
तीसरे का नाम हुआ—नीलमणि।

उन तीन पर्वतों पर क्या उगा?
उन पर उग गए तीन वृक्ष
इन तीन वृक्षों के नाम भला क्या?

*'बौद्ध विधान का अष्ट
मण्डल मंगल चिन्ह
मत्स्य
छत्र
शंख
श्री वत्स
ध्वज
कलश
पद्म
चक्र
पंचमा के अनुसार
वर्ष के सातवें महीने
में लद्दाख के किसान
अपनी फसल का
पहला पूर
बौद्ध विहार में
चढ़ाते हैं।'*

*पहले का नाम हुआ—श्वेत सन्दल वृक्ष।
दूसरे का नाम हुआ—लाल सन्दल वृक्ष।
तीसरे वृक्ष का नाम हुआ—नील सन्दल वृक्ष।
फिर इन पेड़ों पर किन पक्षियों का बसेरा हुआ?
पहले पेड़ पर दूरदर्शी बाज।
दूसरे पेड़ पर जबर मुर्गी।
और
तीसरे पेड़ पर काली चील।
जल, पृथ्वी, पहाड़, फूल, वृक्ष, पशु-पक्षी और धरती के प्राणी—यही है इस लोक की कहानी।*

कल्पना में इस दृश्य को देखने के लिए मैं आँखें बन्द करती हूँ।

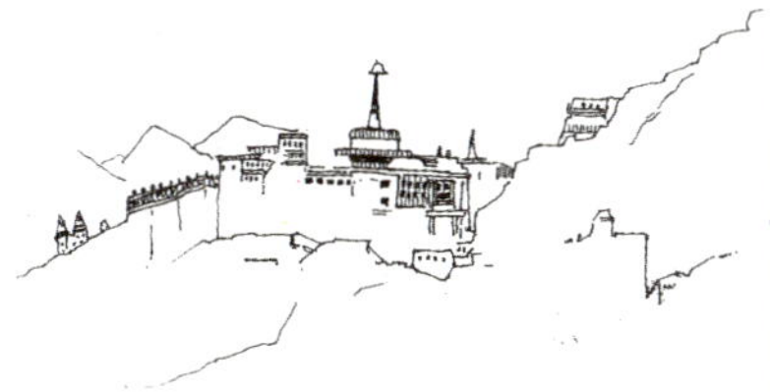

टूरिस्ट सेंटर

टूरिस्ट सेंटर पहुँची। देशी-विदेशी पर्यटकों की भीड़। हिमालय क्षेत्र का नक्शा और मॉडल पूरी दीवार पर बना है। ऊँचे शिखरों के नाम ऊँचाइयाँ, नद-नदियाँ, ग्लेशियर, झीलें, गोम्पा, गाँव-नगर और पर्वत-मालाओं के ट्रैक रूट्स चित्रित हैं। विदेशी यात्रियों के लिए लद्दाख़ के ट्रैक रूट्स बड़े आकर्षक हैं। टूरिस्ट-स्टाफ उन्हें जानकारियाँ दे रहा है।

मैं नक्शे को नजदीक से देखती हूँ। शिखरों की ऊँचाइयों के साथ लिखे अंक बरबस मेरा ध्यान खींचते हैं।

माउंट एवरेस्ट	8848
कंचनजंगा	8578
नंदा देवी	7817
नामचे बरखा	7755

हैरान हूँ कि चोटियों की इन ऊँचाइयों ने मुझे सपने में घेरे रखा।

मैं नक्शे पर ढूँढ़ने लगती हूँ उस चोटी को जिसका नाम अंग्रेजी में 'वन-लैस' 'एक कम' है। उसकी ऊँचाई सही करना चाहती हूँ पर ढूँढ़ नहीं पाई।

लद्दाख़ में बहते इस दरिया सिन्ध को लेकर मैं उत्सुक हो उठी हूँ।

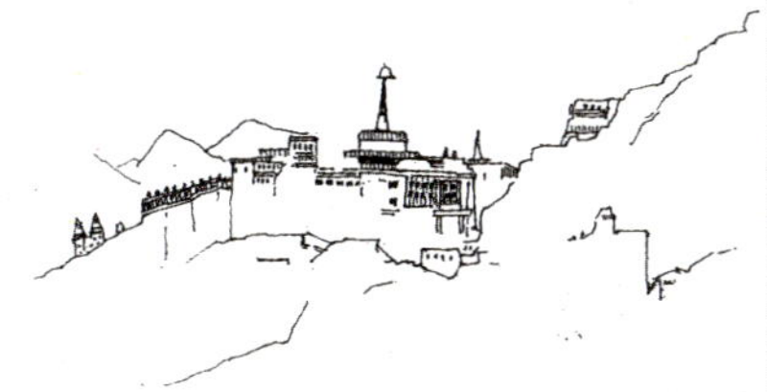

लेह के निर्मल आकाश पर

लेह के निर्मल आकाश पर सूरज का सुनहला आलोक। बादलों के छोटे-बड़े गुच्छे कहीं पीले, कहीं ग्रे और कहीं हल्के-से गुलाबी-जामुनी। कुदरत के कठोर वैभव का अनूठा लैंडस्केप। देर तक सूर्यास्त का प्रकाश मद्धम गति से अँधेरों में बदलने लगा तो बाजार में चलते हुए कुछ ऐसा भासा कि लोग आकाश की वीथि में चल रहे हैं।

'बौद्ध विश्वास के अनुसार तीन लोक हैं देवताओं का लोक, मानवीय लोक, पाताल लोक। देवताओं के लोक का रंगश्वेत है। धरती पर मानवीय लोक का रंग लाल है। थल के नीचे पानी का पाताल लोक नीले रंग का है।'

लद्दाख़ में मानते हैं कि हर देवता अपने-अपने आकार में विशेष रंग और गुण का प्रतीक है। लद्दाख़ी दैवी शक्तियों में विश्वास रखते हैं। इनकी भाषा में 'लाह' देवता है।

लाहमिन असुर है

मी मनुष्य है

दुरबी शैतान है

मथाल नरकवासी

शिखरों के देवता शिव और उनकी धर्मिणी महिषासुर-मर्दिनी के रूप में यहाँ चित्रित हुई हैं। इसी तरह बाहुल्य की देवी और महासरस्वती और लक्ष्मी भी।

लद्दाख़ की सीमान्त धरती कुदरत के विशाल मंच की तरह है।

लद्दाख़ की एक और खूबी यह भी है कि लद्दाख़ भारत का सबसे बड़ा जिला है, मगर क्षेत्रफल के अनुसार इसकी आबादी देश के किसी भी दूसरे जिले से कम है। जिले में 3 तहसीलें हैं।

लेह, कारगिल और जन्सकार। लेह तहसील में लेह शहर और 105 गाँव हैं।

कारगिल और द्रास

जन्सकार में जन्सकार और 25 गाँव।

'प्राचीन काल में श्रीनगर लेह चारकंद के रास्ते ही कर्राकुरम दर्रे तक पहुँचा जाता था। लेह से भी कर्राकुरम तक का पैदल रास्ता था। दूसरा रास्ता गारू से लहासा तक और तीसरा रास्ता रूकचू तक। एक और रास्ता दमचोक फुकचे डुंगल टसकसा होता हुआ गूशूल तक जाता था।'

लेह समुद्रतल से 11,500 मीटर की ऊँचाई पर है।

श्रीनगर—लेह मार्ग के बीच पड़ने वाला कारगिल समुद्रतल से 9000 मीटर की ऊँचाई पर है।

कभी चट्टानों के बीच या पानी के आसपास कोई हरा-भरा पेड़ नज़र आ जाए तो आँखें वहीं ठिठक जाती हैं। चट्टानें खूब तपती हैं मगर छाँह में ठंडक रहती है। अगर हम आधी छाँह और आधी धूप में खड़े हों तो हमारे बदन का एक हिस्सा सर्द और दूसरा गर्म रहेगा।

यहाँ का दिन इतना गर्म कि प्यास से गला सूखने लगे। रात इतनी सर्द कि किसी भी गरमाहट को चीर दे। रात का तापमान शून्य से नीचे और दुपहर ऐसी जैसी मैदानों में हो। पूरे वर्ष में तीन-चार बार बूँदाबाँदी और दो-तीन इंच बर्फ। आसमान यहाँ का धुला-धुला मगर गर्मी की कमी नहीं।

लद्दाख़ की पथरीली सूनी घाटियों में तेज हवाओं का नर्तन जोर-शोर से होता है। हिमालय के आर-पार से उठती ये हवाएँ प्रकृति का ही चमत्कार हैं। सर्दी-गर्मी ये हवाएँ दक्षिण पश्चिम से बहती हुई आती हैं। सुबह हल्की सुहानी और दुपहर तक, सूरज के तेज़-से तूफानी बन जाती हैं। इसके रूखे शुष्क भँवर, शोर के साथ कभी अन्धड़ का रूप ले लेते हैं और कभी पहाड़ों और घाटियों के सन्नाटों को झँझोड़ देते हैं।

लद्दाख़ी बौद्ध दैवी शक्तियों में विश्वास करते हैं, शब्दों की ध्वनि भले अलग हो, उनके अर्थ लगभग वही, जो हमारी भाषाओं में हैं।

पानी की कमी और रेतीली ज़मीन के कारण लद्दाख़ में कुदरती जंगल का उगना मुश्किल है। इसके बावजूद हैरानी यह कि कौवे, काकोल, कपोत, नीलकंठ, चिड़िया, गरुड़, शिकरा, बाज और चील जैसे पक्षी यहाँ देखने को मिलते हैं।

लद्दाख़ के उत्तर में यारकन्द स्थित है। वहाँ के निवासी 'कुटान' कहे जाते हैं। उनकी बोली, भाषा तुर्की है।

दक्षिण में हिमाचल प्रदेश का चम्बा और कुल्लू है।

दक्षिण-पूर्व में रुदोक और छांग थांग है।

पूर्व हिमालय ब्रह्मपुत्र और गंगा-जमुना के पानियों को विभाजित करता है।

बारालाचा-सिन्ध दरिया और जेहलम, चनाब, रावी, व्यास और सतलुज का वाटर शैड है।

सदियों लद्दाख़ का व्यापारिक और सांस्कृतिक विकास—लद्दाख़ से खेतान और यारकन्द और लेह हिन्दुकुश से बिक्टीरिया, बिक्टीरिया से तक्षशिला और गांधार जैसे राजपथों से होता रहा है।

लद्दाख़ी घोड़े

लद्दाख़ की सुनसान घाटियों में से गुजरते हुए मैं ख्यालों-ही-ख्यालों में घोड़े की सवारी करने लगती हूँ। सरपट भगा रही हूँ—यहाँ से वहाँ, वहाँ से अगली घाटी तक, अगली से और आगे—फिर ऊपर शिखरों की ऊँचाइयों तक—ऊँचाइयाँ और ऊँचाइयाँ।

क्या दोहरा रही हूँ भला?

स्मृति में कभी न दूर जाने वाला लद्दाख़।

लद्दाख़ के जंगली घोड़े जैबरा से मिलते हैं। माथे से उठी काले बालों की रेखा गर्दन से होती हुई पूँछ तक जाती है। इन घोड़ों की पीठ नर्म कही जाती है। जंगली घोड़ों की यह किस्म आजादीपसन्द है। अगर इन्हें पकड़ भी लिया जाए तो ज्यादा देर जिन्दा नहीं रहते। इनसे बोझ ढोने का काम नहीं लिया जाता।

याक

याक लद्दाख़ में विश्वासी पाँव वाला जानवर कहा जाता है। ऊँचाइयों को खूब मापता है। इतना चौकस कि फिसलते पत्थरों पर पाँव नहीं रखता। जमी हुई बर्फ पर भी पाँव नहीं टिकाता। जमी बर्फ या जमीन अन्दर से पोली हो सकती है। याक

के बाल पवित्र माने जाते हैं। पूजास्थलों में चँवर डुलाने के काम आते हैं। याक का दूध काफी गाढ़ा होता है और उसमें अपनी ही तरह की गन्ध होती है।

हिरण

लद्दाख़ के नूबरा और शियोक के बीच बड़ी तादाद में हिरणों की टोलियाँ भी नजर आती हैं। हिरणों के यह झुंड ऐसे कि इकट्ठा होकर शिकारी पर हमला भी कर देते हैं।

बकरियाँ

लद्दाख़ की ऊँचाइयों पर पशमीन बकरियाँ वीरानों में घूमती रहती हैं। उनकी ऊन ठंडे से ठंडे तापमान में बदन को गर्म रखती है। पानामिक से कर्राकुरम की ओर बढ़ती ऊँचाइयों पर पशमीन बकरियों के झुंड के झुंड पहाड़ों पर टहलते रहते हैं।

हुनिया बकरियाँ

हुनिया बकरियों की प्रजाति दुर्गम रास्तों में बोझ उठाने के काम आती है। इनकी कीमत खासी ऊँची आँकी जाती है।

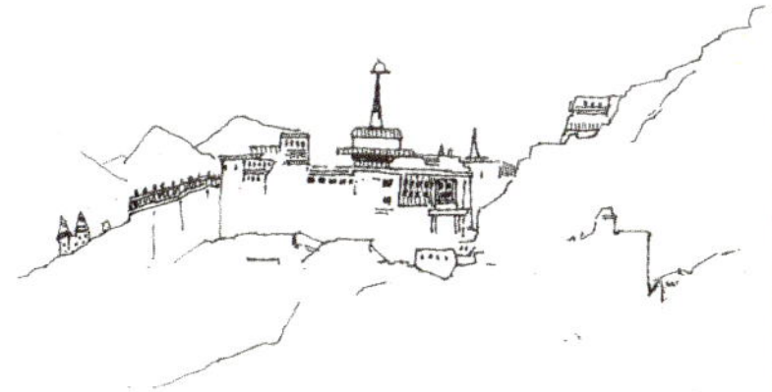

मारकोर बकरियाँ

मारकोर बकरियाँ जंगली मानी जाती हैं। सिन्ध दरिया के किनारों पर देखी जाती हैं। वह अपने डीलडौल में दूसरी बकरियों से बड़ी होती हैं।

शईन बकरियाँ

शईन बकरियों की विशेष किस्म मानी जाती है। इनकी ऊन से ही विश्वप्रसिद्ध शातूश शॉल बनाए जाते हैं। इनके बालों का रंग हल्का ब्राउन होता है। शातूश शॉल बहुत कीमती होते हैं।

पक्षी

जंगल न होने पर भी गर्मी में पक्षियों के बहुत से झुंड बाल्टीस्तान और कश्मीर से उड़ानें भर लद्दाख़ी आकाश में उड़ने लगते हैं।

बर्फ़-चीते

बर्फ़ है तो बर्फ़-चीते भी क्यों न हों। इन बर्फ़-चीतों का शिकार नहीं किया जाता। लद्दाख़ी जन इन्हें लामाओं का अवतार मानता है।

खच्चर

लद्दाख़ी खच्चर देखने में ठिगनी मगर मजबूत और चुस्त मानी जाती हैं। खच्चरों में मशहूर हैं यारकन्दी और जन्सकारी।

कठिन रास्तों से सारा काम, व्यापार घोड़ों-खच्चरों पर ही किया जाता था। हिमालय के दुर्गम सीमान्त से जानवरों पर माल लाद कर एक देश से दूसरे देश तक पहुँचाया जाता था।

लद्दाख के भित्तिचित्र

मायादेवी का सपना	हैमिस
बाज	थिकसे
महा सरस्वती	आलची
अप्सरा	आलची
बुद्धि शक्ति	आलची
राजसी प्याला	आलची
धर्मपाल	लामायूरू

आलची के भित्तिचित्रों की तुलना अजन्ता के चित्रों से होती है।

लामायूरू के महाकाल, भट्टारक महाकाल की तरह ही नीले रंग में त्रिनेत्र और गले में साँप कंकाल है।

बौद्ध धर्म के अनुयायी लद्दाख़ी याद रखते हैं—

अच्छे काम करो

बुरे विचारों से दूर रहो

आत्मा के लिए ध्यान करो

बौद्ध धर्म शान्ति, प्रेम और साधना का धर्म है।

इतिहासकारों के अनुसार लद्दाख़ के इतिहास में बहुत फेरबदल और आक्रमण हुए। कहा जाता है कि राजा छोवन नमगियाल लद्दाख़ के सुरक्षक की तरह याद किए जाते हैं। वह तिब्बती राजकुमार थे।

अशोक महान ने कलिंग युद्ध के बाद बौद्ध धर्म अपनाया तो उस घटना को आज भी लद्दाख़ में खूब धूमधाम से मनाया जाता है। इसकी नींव लद्दाख़ में स्थित है। कहा जाता है कि यहीं से वह तिब्बत, बर्मा में पहुँचा। कल्पना करें उन दिनों की जब यातायात के साधन बहुत कम थे।

बौद्ध धर्म कुषाण काल में यहाँ विकसित हुआ। अशोक महान ने बहुत से प्रचारक बौद्ध धर्म का प्रचार करने को कश्मीर, अफगानिस्तान भेजे थे। बौद्धधर्म सिन्धु घाटी में भी फैला। लद्दाख़ से वह चीन गया। यह इतिहास है

कि नहीं, कि मात्र किंवदन्ती है कि अशोक ने जिसे युद्ध में हराया वह पराजित राजा शरण लेने तिब्बत पहुँचा और उसने वहाँ का राज सँभाला।

दिलचस्प होगा यह जानना भी कि उन दिनों भी देशों के बीच दूरियाँ कम नहीं थीं। फिर भी बौद्ध धर्म दूर-दूर देश-विदेश तक फैला। प्राचीन काल में भी श्रीनगर, लेह, यारकन्द के रास्ते ही कर्राकुर्रम दर्रे तक पहुँचा जाता था।

लेह से कर्राकुर्रम तक का पैदल रास्ता था।

दूसरा रास्ता गारू से लहासा तक और तीसरा रास्ता एकचू और लाडल से था।

एक और रास्ता दमचोक, फुकचे डुंगली होता हुआ चूशूल पहुँचता था। इससे प्राचीन काल से अब तक लद्दाख़ लेह हमारे सीमान्त पर कितना महत्त्वपूर्ण रहा है। यह समझा जा सकता है।

उन दिनों की कठिन आवाजाही की दूरियाँ सीमान्त पर ऐसी थीं—

तक्षशिला से लहासा	2067 मील
तक्षशिला से गिलगित	250 मील
गिलगित से सकार्दो	165 मील
लेह से दमचोक	210 मील
दमचोक से मैट्रोम	400 मील

*'तक्षशिला से लहासा
2067 मील
तक्षशिला से गिलगित
250 मील
गिलगित से सकार्दो
165 मील
लेह से दमचोक
210 मील
दमचोक से मैट्रोम
400 मील।'*

लद्दाख़ के सुप्रसिद्ध सुलेखक चित्रकार नामखास्पालगोन ने बौद्ध विश्वकोष द्वारा कान्जूर और तन्जूर की प्रतिलिपियाँ प्रस्तुत कीं।

धार्मिक ग्रन्थों को सुनहरे और ताम्बई अक्षरों में लिखा।

बासगो के निकट सरजान्ता मन्दिर में कन्जूर और तन्जूर की प्रतिलिपियाँ मौजूद हैं।

लद्दाख़ के विभिन्न भौगोलिक क्षेत्र हैं—

नूबस घाटी और शियोक क्षेत्र
सिन्ध दरिया का क्षेत्र
जन्सकार नदी का क्षेत्र
जन्सकार नदी सिन्ध की छोटी बहन कहलाती है।

फिर आता है झीलों का क्षेत्र—

सुरू और द्रास नदियों से निकली धाराओं का क्षेत्र, सिन्ध नदी के किनारे का लद्दाख़ी क्षेत्र द्रास दुनिया का सबसे ठंडा स्थान माना जाता है।

रुकचू—झीलों का क्षेत्र है। लद्दाख़ के पूर्व में लोमा और नियोमा के बीच झील क्षेत्र स्थित है।

इन झीलों के नाम उच्चारण करने में इस भाषा के लिए आप में दिलचस्पी, सम्मान, आशा पैदा होती है।

कयांग टाशो

गीया टाशो

मानसरोवर भारतीय मानस के निकट मानवीय अध्यात्म का स्रोत सरोवर कहा जाता है।

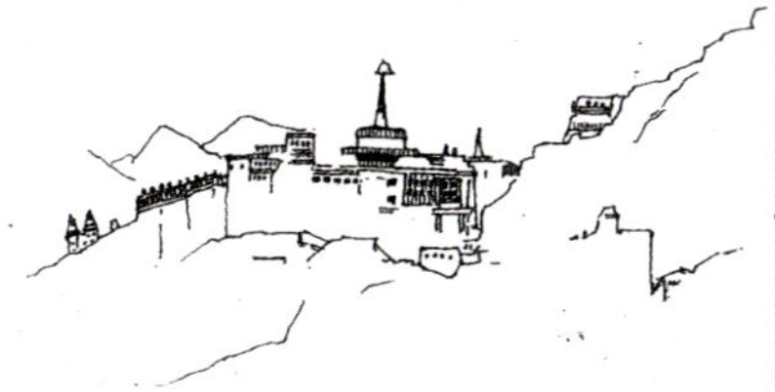

लेह महल

हम तीन जन फिरोज़ा, अश्विनी और मैं एक ही लैंडरोवर लेकर लंच के पहले टूर पर निकले हैं। लेह महल, लेह का किला और फिर थिकसे और शे। गाड़ी महल की ओर दौड़ रही है। मैं अगली सीट में हूँ और फिरोज़ा और अश्विनी पीछे बैठे हैं। लद्दाख की डॉक्यूमेंट्री देखकर विवाह के बाद बम्बई से आए हैं।

महल की ओर जाती सीधी-चौड़ी सड़क। हरे-भरे पेड़ों की जगह दोनों ओर पत्थरों का छिड़काव। जमीन पीली, रेतीली और इधर-उधर फैले वीरान पत्थरों की खामोश रौनकें। महल की ओर जाता यह रास्ता कभी राजपथ रहा होगा। महल के सामने फैला विस्तार पुराने समयों से जैसे प्रजा के लिए बिछाया गया हो।

लैंडरोवर महल की सीमा के बाहर जा रुकी। धूप इतनी कि तीखी धूप से काले चश्मे में भी आँखें चौंधिया रही हैं। बचने के लिए मैं तेज-तेज चलने लगती हूँ। बीच-बीच में पानी के घूँट लेती हूँ। फिर चुपचाप ही अपने को टोकती हूँ कि अब तुम उतनी नाजुक नहीं हो कि चम्बा में इरावती का पुल पार करनेवाली अदाएँ दोहराओ। बरसों पहले खजियार से पैदल चलकर सिर पर चढ़नेवाला वह गर्मी का प्रकोप नहीं। यह खड़ी चढ़ाई भी नहीं। ढंग से चलो। ऊँचाई पर हवा हल्की है—इसी से साँस चल रही है।

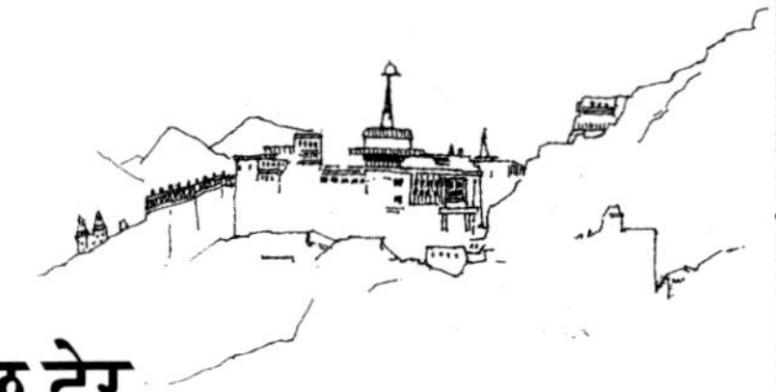

फिरोज़ा और अश्विनी पीछे रह गए हैं। मैं मोड़ पर की आखिरी चढ़ाई पर कुछ देर बैठती हूँ। बैठी रहती हूँ और दोनों को आगे निकल जाने देती हूँ।

आखिर हम हाँफते हुए—थकन से नहीं, साँस के फूलने से प्रवेश द्वार पर पहुँच ही गए हैं। कुछ देर छाँह की ठंडक में खड़े रहते हैं। फिर लेह महल की सीढ़ियाँ चढ़ने लगते हैं। चौड़ी, सँकरी। बालकनी, सीढ़ियाँ, साथ-साथ कमरे फैले हुए। इस तापमान के अनुकूल। आगे-पीछे। छोटे-बड़े।

ऊपर की मंजिल पर गाइड साहिब दिखा रहे हैं राजसी अध्ययन-कक्ष। खुला लम्बा कमरा। दो लम्बे-चौड़े दरवाजों का सा खुला गवाक्ष। सामने दीख रही हैं पर्वत शृंखलाओं की चोटियाँ—धूप में चमकती-इतराती कमरे की साज-सज्जा ठीक लद्दाख़ शैली में क्लासिक। कमरे में सिर्फ एक लकड़ी का तख्त, उस पर पड़ा ऊनी बिछावन और डेस्क। बस इतना ही, न कम न ज्यादा। चिन्तन और अध्ययन का यह दुर्लभ स्थान। राजसी कर्तव्यों से हटकर मनुष्य के जन्म-मरण और प्रकृति के रहस्यों को समझने-बूझने और अनुभव करने को संन्यासी-सा यह वैरागी तख्त।

जाने क्यों राजस्थान के राजे-रजवाड़ों की खर्चीली साज-सज्जा आँखों के आगे तैरने लगी। दो वृत्तियाँ। एक बौद्ध संस्कारी संयम उद्घाटित करती हुई और

'मौर्य राज्य के तितर-बितर हो जाने पर पश्चिमी हिमालय तक्षशिला के क्षत्रप के अधीन रहा। इस काल में पहाड़ी कला-संस्कृति के रचनात्मक पक्ष खूब उभरे। इसमें सातवाहन और सांग वंशों का बड़ा योगदान रहा। कुषाण वंश के कनिष्क ने सोने के सिक्कों पर महात्मा बुद्ध का चित्र अंकित कराया।'

दूसरी राजसी पुरुषार्थ का अन-अर्जित प्रदर्शन करने को उत्सुक। मगर आबू राज का दिलवाड़ा—अद्‌भुत और सदियों में एक ही। और अचलगढ़!

लेह में आलची और आबू में अचलगढ़।

महादेश की विभिन्न भाषाओं का मिलता-जुलता ध्वनि-संसार।

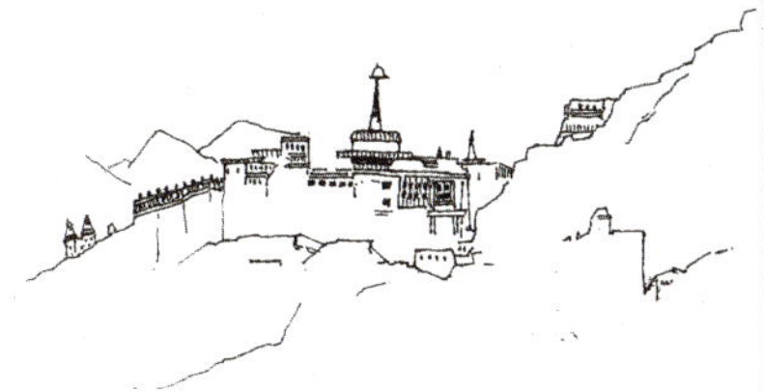

लेह का किला

लेह किले के पुराने खंडहरों में से गुजरना इस कठिन भूखंड के लिखे और अनलिखे ऐतिहासिक पाठ को पढ़ने जैसा है। खड़ी हूँ इस पत्थरीली धरती पर लेकिन आँखों के सामने दिल्ली के पुराने किले के बुर्ज और मेहराबें आ खड़े हुए हैं। व्यतीत हो चुकीं समय और काल की धड़कनों को सुनना भी कितना रोमांचक है। गाइड साहिब किले के खंडहरों में धँसे वीराने पाठ का जैसे अनुवाद कर रहे हैं। बीच-बीच में लद्दाख़ की राजसी वंशावली का बखान कर रहे हैं। मैं बिना ब्रश के ही उन राजाओं और योद्धाओं को अपनी कल्पना में जिन्दा कर रही हूँ।

सनगे नमगियाल
दैलदन नमगियाल
दैलगस नमगियाल
नीमा नमगियाल
देस क्योग नमगियाल
पंतसोग नमगियाल
तेह माँग नमगियाल
तेहसपाल नमगियाल

तेहवांग नमगियाल
जोरावर सिंह,
जोरावर सिंह ने नूरूढ़ा स्टैनज़िन को लद्दाख़ का गवर्नर नियुक्त किया।

गाइड साहिब बता रहे हैं कि पुराने वक्तों में किलों की देखभाल के लिए किलेदार नियुक्त किए जाते थे। किला कमांडर लद्दाख़ी में खारपोन्स कहलाते थे। कमांडर और गवर्नर किलों के नाम से भी जाने जाते थे। जैसे इस लेह किले के किलेदार 'लेह खारपोन्स।'

इसी तरह लेह के गवर्नर 'लेहपोन' के नाम से जाने जाते थे। महाराज की सेनाओं के कमांडर 'माकपोन' पुकारे जाते थे।

राजा के कोषाध्यक्ष के लिए 'छंग-सोट' का शब्द प्रयोग किया जाता था। राजा के चीफ न्यायाधीश 'शेकस-पोन' के नाम से जाने जाते थे और राजा का कोतवाल 'छगसी गोबास।'

कई सीमान्तों से लगे लद्दाख़ पर बहुत से आक्रमण होते रहे। बहादुर लद्दाख़ी बहादुरी से उनका सामना करते रहे। आलची विहार में अंकित 'आक्रमणकारी' देखने लायक है।

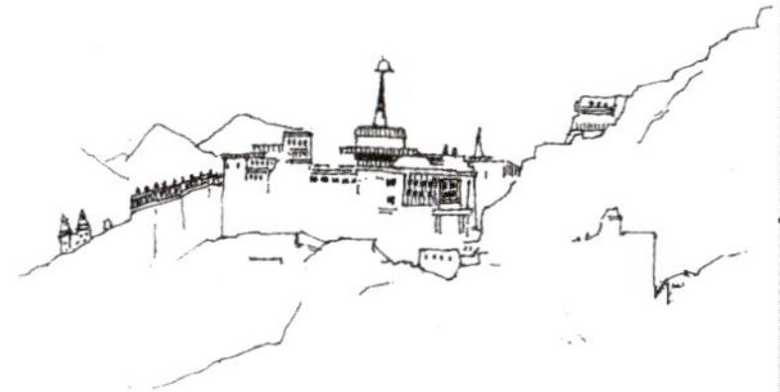

राजसी शासन और लद्दाख़ की 'जनता'

बहुत दिलचस्प है यह जानना कि लद्दाख़ में राजसी शासन-पद्धति होते हुए भी प्रजाओं का विश्वास शासन में पंचायत की भागीदारी में था। नीमा नमगियाल के काल में राज्य परिवार के झगड़े सुलझाने के लिए एक उच्च समिति का गठन किया गया। राज्य और प्रजाओं की ओर से चुने गए समिति के सदस्य कुछ इस प्रकार थे—

राजसी परिवार के	9 सदस्य
पुरोग के	8 सदस्य
मन्त्री और लोनपो	50 सदस्य
पंचायतों के सरपंच	4 सदस्य
गोम्पाओं के लामा	10 सदस्य
लाहसा का प्रतिनिधि	1 सदस्य
कश्मीर के ऊन और पशमीना व्यापारी	6 सदस्य
इस समिति के कुल	88 सदस्यगण

और समिति के मुख्य वरिष्ठ लामा।

इस कार्यसमिति ने 10 महीनों की बैठकों के बाद निम्नलिखित निर्णय लिये।

पहले निर्णय के अनुसार खारबू और स्पीति घाटी का नियन्त्रण टाशी नमगियाल को नहीं दिया जाएगा। उनके पास सिर्फ पुरोग का शासन ही रहेगा।

मुलबे और छोस वार्षिक भेंट लेह महाराज को ही करते रहेंगे।

लेह बाल्टीस्तान और कश्मीर के बीच आने-जानेवाले व्यापारियों को परेशान न करने का निर्णय।

मालवाहक यात्रियों के घोड़े, खच्चर जबर्दस्ती छीन लिए गये थे, उन्हें लौटा देने की आज्ञा।

कश्मीरी व्यापारी और दिल्ली आनेवाले वाणिज्य मंडल को सब प्रकार की सहूलियतें दी जाएँ।

इस दस्तावेज का नाम—वाम-ली-ई-छिन विग था, और इस पर 88 सदस्यों ने हस्ताक्षर कर इस पर मोहर लगा दी। इस दस्तावेज पर तारीख दी गई जुलाई, 1752।

हैमिस गोम्पा का वार्षिक समारोह छेशू विश्व प्रसिद्ध है। लामा चेहरों पर मुखौटे लगाकर नृत्य करते हैं।

हैमिस

नाश्ते के बाद फिर वहीं—टूरिस्ट सेंटर। कोई भी प्रोग्राम बनाने से पहले यहाँ की हाजिरी जरूरी है। स्टाफ हमेशा सहायता की मुद्रा में।

–आप कम दूरी पर जाना चाहें तो फियांग जा सकती हैं। यहाँ से 20 किलोमीटर है। फियांग का ग्लेशियर भी देख पाएँगी। वहाँ हरियाली भी है। फियांग, गोम्पा साढ़े चार सौ बरस पुराना है। वहाँ से चाहें तो साकटी भी जा सकते हैं।

मैं कुछ सोचती हूँ।

–पहले हैमिस देखना चाहती हूँ, यहाँ से कितनी दूर होगा?

–वह भी ठीक है। यहाँ से 50 किलोमीटर के करीब है। सवा-डेढ़ घंटे में पहुँच जाएँगी। सिन्ध नदी भी देख सकेंगी। हैमिस गोम्पा सिन्ध के पार स्थित है।

खिड़की से बाहर देखती मैं लेह से ही हैमिस के लिए आँखें बिछाए हुए हूँ। वहाँ के वार्षिक मुखौटों के उत्सव को तो देख नहीं सकूँगी। महीने-भर इन्तजार करना होगा। फिर भी हैमिस विहार लद्दाख के राजवंश से सम्बन्धित प्रसिद्ध है। साढ़े तीन सौ बरस पहले लद्दाख के राजा सेगे नमगियाल ने बनवाया था।

रास्ते में लद्दाख का वही वीराना, वही पत्थरीला विस्तार और आकाश पर वही दूधिया बादलों के खिलवाड़—कभी इस चट्टान पर, कभी उस चट्टान पर, पतली-सी छाया और फिर आँख के आगे वही धूप, वही सुनसान विस्तार। ऐसी धरती पर सैलानियों के लिए लैंडरोवर गाड़ियों की जगह घोड़े दौड़ाना कितना बढ़िया रहे। टूरिस्ट विभाग को इस पर सोचना चाहिए।

पोलो यहाँ के युवाओं को खूब भाता है। गाँव-गाँव में किसी न किसी रूप में इसे देखा जा सकता है। लद्दाख के कठिन प्राकृतिक पर्यावरण में अगर इसे खेल के मैदान में मुनासिब ढंग से खेला जाने लगे तो टूरिस्टों के लिए बड़ा आकर्षण होगा। हाँ, किसी न किसी रूप में घोड़ों की उपस्थिति इन सुनसान सन्नाटों की घाटियों को गतिमान करती है। धरती में धँसी समय और काल में ठहरी अहल्याएँ और सरपट दौड़नेवाले घोड़े एक-दूसरे के विपरीत होकर कुछ ऐसा पैदा करेंगे जो इस क्षेत्र को एक नया रंग दे सकेगा। ठहराव को रफ्तार।

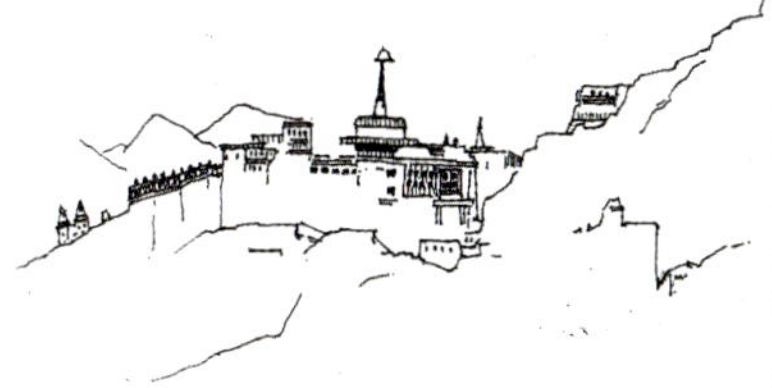

फियांग

'फियांग गोम्पा पहाड़ों से घिरा है। यह पहाड़ियाँ नीली पहाड़ियों के नाम से जानी जाती हैं। फियांग ग्लेशियर घाटी को हरा-भरा रखता है। यह बौद्ध विहार चार सौ साल पुराना है।'

लद्दाख के पथरीले विस्तार में फियांग पहुँचते ही आँखें भावभीनी तरावट में ऐसी ठंडक महसूस करती हैं—जैसे तरल मुखड़े दीख गए हों। पहाड़—बर्फ का चमचमाता धवल श्वेत ग्लेशियर और हरित क्यारियाँ—देखो, देखो—देखते रहो—यह नर्म-सा, मर्म-सा दृश्य भी यहाँ है। यहीं लद्दाख में ही। सिर्फ चट्टानें ही नहीं।

आज सिर्फ फियांग गोम्पा जाने का प्रोग्राम रहा। लेह से लगभग 20-22 किलोमीटर पर स्थित फियांग चारों ओर पर्वतों से घिरा है। इन पहाड़ियों को नीली पहाड़ियों के नाम से पुकारते हैं। हैमिस की तरह यह गोम्पा भी लगभग साढ़े चार सौ बरस पुराना है। फियांग ग्लेशियर धूप में जी भरकर चमक रहा है। आसपास बिछी है हरियाली। यह तिरंगा दृश्य देख आँखें अघाती नहीं। पहाड़, श्वेत ग्लेशियर और हरित की क्यारियाँ। गोम्पा में स्थापित हैं पाँच ध्यानी। बुद्ध पद्मसम्भव की मूर्ति तो अनुपम है। प्रवेश द्वार के निकट है मन्दिर की रक्षा करनेवाली देवी। नीले घोड़े पर सवार, एक हाथ में डमरू और कपाल में चमकता नग! अद्भुत है इन मिथकों का कलात्मक सम्मिश्रण। गोम्पा समय विशेष को उसके शिल्प और शिल्प की

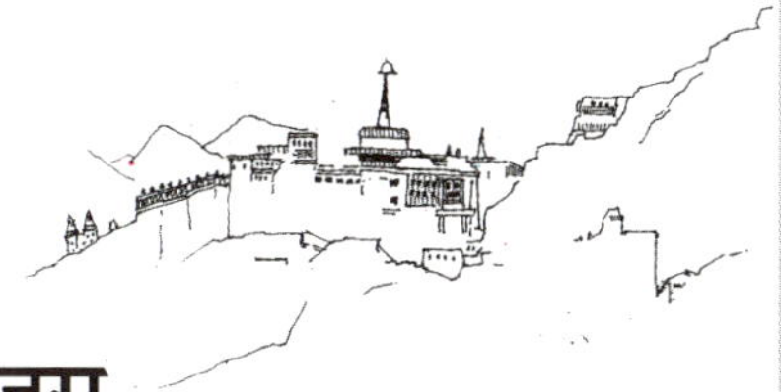

कलात्मक अभिव्यक्ति को समेटे, सहेजे हुए है। इनमें सुरक्षित हैं बौद्ध जनमानस की आस्था और विश्वास। सांस्कृतिक निधि के रूप में चित्र, मूर्तियाँ, तन्खे और हस्तलिखित ग्रन्थ। यह सभी स्थान सिर्फ बौद्ध धर्म के अनुयायियों के लिए ही पवित्र और महत्त्वपूर्ण नहीं—भारतीय और विश्व सैलानियों के लिए भी विशेष हैं। देशी-विदेशी सैलानियों का जमघट देखकर लगा कि इन प्राचीन गोम्पाओं में प्रवेश करने का टिकट लगना ही चाहिए। इन प्राचीन गोम्पाओं में प्रवेश करने और उनके अन्दर फोटोज, फिल्म आदि खींचने के लिए प्रशासन को नियमित रूप से टिकट-घर बनाने चाहिए। लद्दाख जैसे क्षेत्र के गोम्पाओं में सुरक्षित इस विश्व-प्रसिद्ध विरासत की देख-रेख भी कम जरूरी नहीं।

फियांग गोम्पा के पाँच ध्यानी बुद्ध बहुत देर तक आँखों के आगे बने रहे। फियांग की ही अभय मुद्रा की बुद्ध प्रतिमा पाँचवीं सदी में निर्मित की गई। यह स्वर्णिम निधियाँ हैं।

पाँच ध्यानी बुद्ध प्रतीक हैं—रूप, वेदना, संज्ञा, सम्कार और यजना।

लद्दाख के कुछ बौद्ध विहार
हैमिस लेह से लगभग 50 किमी.
फियांग लेह से 7 किमी.
साकरी 20 किमी.
साकरी तिब्बत मूल के चेतूलखिपोन्छे ने स्थापित की।
माठी गोम्पा 400 बरस पुराना है।

लेह की दुपहर

सिर पर तारी हुई लेह की लम्बी दुपहरी की तपिश। सिर गर्मी से भखने लगा। अन्दर से संकेत मिला—दिन भर आराम करो। छाँह में बैठो नहीं तो कुछ भी और देखना मुश्किल होगा।

सुबह तैयार हो सर्किट हाऊस से निकली और सर्किट हाऊस के करीब वाले होटल में जा बैठी। ब्रेकफास्ट किया और नए-पुराने अखबार देखे, टूरिस्ट विभाग के पैम्फलेट। लांज में बैठकर थकन की हरारत महसूस की। क्या वापस कमरे में—नहीं, लेटने से अच्छा तो बुकशॉप में कुछ वक्त गुजारा जाए। हिमालय पर खूब अच्छा संग्रह है। अधिकतर बाहर के प्रकाशन—प्रिंटिंग और फोटोग्राफ बहुत बढ़िया। कीमती कैमरों की आँख और हाथ के कौशल का प्रमाण।

-नमस्कार मादाम।

-मैं मुस्कराकर कहती हूँ, जुले-जुले।

जो कमरे के बीचोबीच प्रदर्शित है—उसे उलटती-पलटती हूँ। फिर शैल्फ पर नजर गड़ाती हूँ। कश्मीर, कश्मीर-श्रीनगर, गुलमर्ग बैरीनाग—

अब लद्दाख, विस्मयकारी लद्दाख,—लद्दाख का इतिहास, लद्दाख के राजवंश—भूमिका में लेह के मोरेवियन चर्च के सम्मानीय डॉ. कार्ल मार्क्स द्वारा की

गई प्रस्तुति का जिक्र। पन्ने पलटती हूँ। एकाएक नजर पड़ी हैमिस गोम्पा प्रसंग पर।

थसवांग नमगियाल द्वितीय (1760-1780) लद्दाख की गद्दी पर बैठे थे। पितृवत महाराज से प्रजा कुछ और अपेक्षाएँ रखती थी और महाराज विलास की राह पर थे। थसवांग नमगियाल लद्दाख के मौजूदा राजतन्त्र को भूलकर बदख़्शानी घोड़ों के सौदागर से सलाह, सम्मति लेने लगे। महाराज को घोड़ों में दिलचस्पी थी और उनके पास 500 बदख़्शानी घोड़े थे। वाह, 500 घोड़े एक साथ खड़े हों तो सेनाएँ सज जाएँ। दौड़ने लगें तो पाँवों की गतियाँ सरहदें लाँघ लें। चढ़ाई, उतराई, पानी, पहाड़, समतल....

राजा नमगियाल ने एक नचनियाँ को महल में रख लिया। इस बात को लेकर लद्दाख के सरदारों, बुजुर्गों और प्रजा ने विद्रोह कर दिया। परिणामस्वरूप थसवांग को राजपाट से अलग कर हैमिस गोम्पा में नजरबन्द कर दिया गया। उन पर अनेक अंकुश लगा दिए गए और उन मुसाहिबों पर भी जो उन्हें उकसाकर गुमराह कर सकते थे।

उस समय महाराज के पुत्र राजकुमार थोयान हैमिस गोम्पा में ज्ञान अर्जित कर रहे थे। थोयान वहाँ गोम्पा के अन्य शिष्य भिक्षुओं की तरह ही रहते थे। उन्हीं की तरह भिक्षुक गुन्छा पहनते थे। इतना ही फर्क था कि उनके वस्त्र लाल रंग की जगह सफेद रंग के थे। मगर पिता-पुत्र दोनों को एक-दूसरे से मिलने की इजाजत नहीं थी।

'उस समय महाराज के पुत्र राजकुमार थोयान हैमिस गोम्पा में ज्ञान अर्जित कर रहे थे। थोयान वहाँ गोम्पा के अन्य शिष्य भिक्षुओं की तरह ही रहते थे। उन्हीं की तरह भिक्षुक गुन्छा पहनते थे। इतना ही फर्क था कि उनके वस्त्र लाल रंग की जगह सफेद रंग के थे। मगर पिता-पुत्र दोनों को एक-दूसरे से मिलने की इजाजत नहीं थी।'

मैं बुकशॉप में खड़े-खड़े सोचती रही कि हैमिस से दीखते पहाड़ों के विशाल विस्तार से रोमांचित न होकर मैं इतनी जानकारी के साथ उस दिशा की ओर ही चिपकी रहती जहाँ निर्वासित महाराज का निवास स्थान था। वंशावली की ओर बढ़ती हुई मैं उस समय-काल को लौटाने लगती जहाँ लद्दाख जैसे प्रदेश की प्रजा अपने शासकों पर भी आँख रखने की हिम्मत रखती थी। इसी रौ में मैं मन-ही-मन किसी राजवाड़े की रणनीतियों को दोहरा रही होती जहाँ किसी ढोलन के पैर में सोना डालने से प्रजा राजा और महाराज के विरुद्ध विरोध-विद्रोह की तान उठा लेती थी।

दुनिया में कहीं भी, कोई भी देश हो—पूर्व, पश्चिम, उत्तर, दक्षिण—शासक सत्ता और जनसाधारण के अलग-अलग धड़े राजनीतिक प्रक्रिया में एक-दूसरे पर हावी होने की क्षमता जुटा लेते हैं। यह लोकतन्त्र की साख है। कभी-कभार क्रान्ति कर सकते हैं। कभी उलझकर पीछे हटते हैं और कभी दुबारा वार करते हैं। एक-दूसरे पर हावी हो जाते हैं। इतिहास के लम्बे गलियारे और कुदरत के विशाल मंच की भला तुलना भी क्या! लेह लद्दाख में मेरे नायक तो हिमालय हैं जिन्हें आँखों से देख रही हूँ।

सैलानी पहले क्या देखना चाहता है और क्या बाद में, यह उसका व्यक्तिगत चुनाव है। यही उसकी भाव-भाषा और स्वभाव में निहित है।

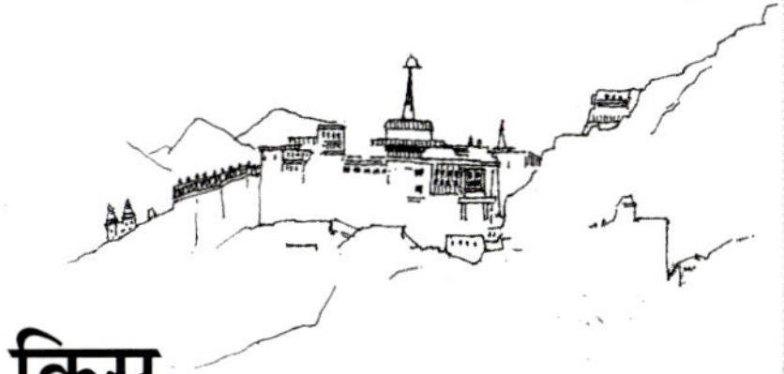

जैसा अपने को जानती हूँ, मेरे लिए यह बहुत ही अहमियत रखता है कि मैं किस रास्ते से अपने गंतव्य पर पहुँचूँ। सो हैमिस को लेकर गलती नहीं हुई। हाँ, इस ऐतिहासिक जानकारी के साथ एक बार फिर वहाँ जाना होगा।

लद्दाख में जिसका भी शासन रहा—व्यापारी कारवाँ के आने-जाने की सुविधा सुरक्षा होती रही। लद्दाख की शासन-प्रणाली इसकी व्यवस्था बराबर करती रही। चुंगी महसूल भरने के बाद विदेशों को जाने और वहाँ से आनेवाले दुर्गम पार पथ कारवाँओं के लिए खुले थे। राजाज्ञा के अनुसार बाहर से आनेवाले माल और खच्चरों को आगाह करने या लूटने की मनाही थी। कश्मीर, बाल्टीस्तान, तिब्बत, यारकंद से आने-जानेवाले व्यापारियों और यात्रियों के खच्चरों, घोड़ों को नियमानुसार सुरक्षा दी जाती थी।

हैमिस गोम्पा का बौद्ध विहार

हैमिस गोम्पा का बौद्ध विहार लगभग 370 साल पुराना है। इसके साथ लगी जमीन लगभग 2000 एकड़ है। इसी की आमदनी से विहार का रख-रखाव होता है। लद्दाख का कोई गाँव नहीं जिसमें हैमिस गोम्पा के नाम की जमीन न हो।

हैमिस गोम्पा की चारों दिशाओं में देखा। यूँ तो कश्मीर के बारे में कहा गया है कि बहिश्त कहीं है तो यहीं है—जो कि सचमुच है, मगर यहाँ पहुँचकर लग रहा है कि एक स्वर्ग यहाँ भी है। आप कोसों तक चारों दिशाओं को देख सकते हैं। और भला क्या-क्या नहीं देख सकते। बर्फीले शिखर, पर्वतमालाएँ, घाटियाँ, धरती के असंख्य रंग—गहरे, हल्के, और गहरे, चट्टानें और मजे-मजे बहता सिन्ध दरिया। यहाँ-वहाँ, ऊपर-नीचे घूमती हूँ। ऊपर की ओर सरकती ऊँचाइयों की ओर बढ़ती हूँ। वाह पथरीलेपन में से झाँकती वनस्पतियों की डालियाँ। अद्‌भुत। जलधार पतली-सी। साफ। मैं बैठकर मुँह पर छींटे देती हूँ। फिर सिर-पाँव पर। मन ही मन हँसती हूँ। कहाँ तो सिन्ध में स्नान करने की चाहत थी और यहाँ इतने छींटे भी सुखदायी हैं।

गोम्पा के ऊपर-नीचे के भवन देखती हूँ। चारों ओर फैली इमारत। बीच में लम्बा-चौड़ा आँगन। यही है वह प्रसिद्ध स्थल जहाँ चेहरों पर मुखौटे लगाकर

लामा नृत्य करते हैं। ऊपर की मंजिल पर गलियारे बने हैं। हैमिस उत्सव पर शायद दर्शकों से भरे रहते होंगे। लद्दाख आने से पहले कायदे के मुताबिक सोच-समझकर तैयारी करती तो हैमिस उत्सव भी देख सकती। मगर नहीं। अपना रिकॉर्ड कुछ ऐसा कि बहुत सोच-विचार से कोई भी, किसी भी तरह का सफर खटाई में पड़ सकता है।

इन लम्बी-चौड़ी घाटियों में अगर खेल के स्टेडियम गोल्फ-ग्राउंड और रेसकोर्स हों तो लद्दाख इन सरगर्मियों से टूरिज्म के नक्शे पर जगमगाएगा। हिमालय की छाँह में ऐसे विराट दृश्य और कहाँ होंगे।

हैमिस की ओर बढ़ते हुए आँखें सिन्ध दरिया देख रही हैं। मैं नहाना चाहती हूँ। कैसे? तावल, चद्दर कुछ भी साथ लिये आती तो कहीं न कहीं, किसी ओर डुबकी लगा सकती थी। किनारों को देखती जाती हूँ। कहीं ऐसा स्थल दीखे तो ड्राइवर साहिब से कहकर यह कामना पूरी कर सकती हूँ।

नहीं—बेमतलब का असमंजस।

लामायूरू

ऊपर से जन्सकार की दो धाराओं को देखा तो हमारे सामने सृष्टि का कोई पुराना वक्त आन ठिठका। लगा हम आज की दुनिया से अलग-थलग हजारों-हजारों साल पुराने युगों के एकान्त में पहुँच गए हैं। गहरे ताम्बई रंग की चट्टान पर खड़े हो, नीचे देखा। नीले पानी की धाराएँ और उन पर तैरती धूपीली किरणें।

सीधी सपाट लम्बी ड्राइव के बाद एक ढलता मोड़। अब हम जन्सकार नदी के ऊपर ड्राइव कर रहे हैं। कहीं कोई आहट नहीं। आवाज नहीं। ट्रैफिक नहीं। कोई पक्षी नहीं। कोई सैलानी नहीं। चारों ओर जमीं हैं रंग-बिरंगी चट्टानें और चट्टानें। लद्दाख है यह।

—ड्राइवर साहिब, जरा गाड़ी रोकिए।

मैं गाड़ी से उतरकर टहलती हूँ। फिर आगे बढ़कर नीचे देखती हूँ। पहाड़ों से लगी सिन्ध दरिया की छोटी बहनियाँ जन्सकार में मुक्त हो आराम से बह रही हैं। जाने कब से और जाने मैं भी यहाँ कब से हूँ। एक लम्हा, एक युग। लगा, मैं अब मैं नहीं हूँ—सीमान्तों के इस भूमिखंड पर कोई और ही खड़ी है। कुछ कदम पर नीचे देखती हूँ, और हजारों साल पीछे जा पहुँचती हूँ। हजारों-हजार वर्षों से पहले की पर्वत-श्रेणियाँ और उनके बीच में पहाड़ों से लगी बह रही जन्सकार—नीलाहटी छटा देती। ऊपर तिर रही हैं धूप की रुपहली लहरें और आसपास सब स्तब्ध है।

मौन है। मैं नदी तल से मीलों ऊपर हूँ कि पानी की तलछट आवाज यहाँ तक नहीं पहुँचती। मैं खड़ी-खड़ी किसी प्राचीन अन्तर्मन से अपने होने को अनुभव करती हूँ।

-ड्राइवर साहिब, मैं नीचे नदी तक होकर आती हूँ।

ड्राइवर साहिब मेरी ओर मुड़े—

-नहीं साहिब, बिल्कुल नहीं। ऐसा सोचिए भी नहीं। नीचे उतरेंगी तो लौटने में समझ लीजिए अगले दो दिन लग जाएँगे। आपका प्रोग्राम कारगिल द्रास का है न! अभी ऐसा आपको बहुत कुछ दीखेगा।

-हाँ है तो, मगर मैं तो नीचे उतरना चाहती हूँ, ड्राइवर साहिब।

ड्राइवर साहिब की तातारी लम्बी नाक कुछ ऐसे चमकी जैसे कोई तीखी धार हो।

-मैम, कल सुबह तक भी आप नीचे नहीं पहुँच सकेंगी। ऊपर लौटने की तो सोचें ही नहीं। आइए—हमें लामायूरू पहुँचना है और वहाँ से लौटना भी है।

मैं फिर जन्सकार की ओर देखती हूँ—गहरे भाव से। देखती रहती हूँ। फिर लैंडरोवर की ओर बढ़ जाती हूँ। गाड़ी दौड़ रही है और मैं चुपचाप उस प्राचीन धारा के रुपहले मुखड़े से छूट जाने के अहसास से अपने को समझाती हूँ। नहीं-नहीं, किसी प्रिय सम्बन्धी के हमेशा के लिए छूट जाने के अहसास के साथ आँखें मीचती हूँ,

फिर अचकचाकर खोल लेती हूँ। यह दृश्य भी पीछे रह जाएँगे। अगर इसी रास्ते से लौटोगी तो अँधेरे में सुनहरी और मटमैले का शेड कैसे देखोगी!

एकाएक कौंधता है कि लेह से निकलकर अब तक एक बार भी हॉर्न नहीं दिया गया। सड़क बिल्कुल साफ, किसी भी दूसरी गति या आवाज से बरी। ध्यान लगाती हूँ ऐसी बेखटकी ड्राइविंग पर—नहीं, ऐसा मूल्यवान पीछे छूट गया है जो जिन्दगी में मुझे दुबारा मिलनेवाला नहीं है। इतनी सुविधा और समय भी हाथ में नहीं कि छूटे हुए मुकामों पर दुबारा पहुँच सकूँ।

याद किया दार्जिलिंग से गंगटोक जाते हुए कोरोनेशन सेतु को जहाँ उसके दोनों ओर कंकाल बने हैं। हम दार्जिलिंग घूम जो समुद्र तल से 8000 फीट की ऊँचाई पर है, उतरकर लैंडरोवर में नीचे कोरोनेशन पुल पर पहुँचे। पानी का दहाड़ता शोर। वहाँ तित्सा नदी और रणजीत दरिया का संगम है। लैंडरोवर गंगटोक डाक ले जानेवाली थी। ड्राइवर साहिब ने 15 मिनट का हाल्ट दिया, एक छुटकी-सी दुकान की चाय पीने और पुल पर से दरियाओं को देखने के लिए।

हम दोनों, मैं और मेरी बहन सुषी ने पुल पर से नीचे झाँका। सलोने पहाड़ों से घिरा पानी का बहाव जहाँ धूम-धमाता था उसके साथ ही पहाड़ों की उतराई दीखती थी। हम दोनों ने बिना कुछ कहे जूते उतार हाथ में लिये और मोजे पहने-पहने ही नीचे की ओर निकल पड़ीं। कहीं कोई पगडंडी या उतराई नहीं थी। सतर्कता और

उतावलेपन से कदम-दर-कदम—नीचे-नीचे शोर अब ऐसा दिल दहलानेवाला कि उसी के साथ घुलकर पानी हो जाएँगे। घड़ी देखी—10 मिनट हो चुके हैं। आखिर 18 मिनट में नीचे पहुँचे। जो देखा—भयावह, और कभी न भूलनेवाला। हमने नीचे जा एक किनारे से ओट भर मुँह पर छींटे लिये। सर्द ठंडे। इस स्थल पर इस जन्म में एक ही बार। ऊपर से हॉर्न पर हॉर्न—हम लौटते हैं—चढ़ाई उतराई से सहज थी।

पुल पर पहुँचे तो ड्राइवर साहिब ने कलाई पर नजर मारी और संजीदगी से कहा—आपको वहाँ तक जाना नहीं चाहिए था—पर आप लौट आए हैं, यह शुक्र है। आपने यह नहीं सोचा कि इस गाड़ी में डाक जा रही है। जानती हैं हम लोग आधा घंटा देरी में हैं। मैं विनम्रता से माफी माँग लेती हूँ।

यहाँ लामायूरू की ओर जाते हुए अब न कुछ जल्दी है, न देर है। ड्राइवर साहिब की हस्ती कुछ ऐसी कि जैसे इस लैंडरोवर पर गाड़ी दौड़ाते मुझे चाँद पर पहुँचाकर ही रहेंगे।

खामोशी-खामोशी।—वनस्पति लगभग गायब। कहीं सिर्फ झड़बेरियाँ। सहसा नजर आने लगा लम्बा-चौड़ा पथरीला समतल मैदान। पिकनिक के लिए कितनी खूबसूरत जगह। पथरीली ढलान पर दूर तक चला जा सकता है।

गाड़ी रुकवाती हूँ और जूते उतारकर उस पर चलने लगती हूँ। तेज-तेज, फिर दौड़ती हूँ।

दूर किनारे पर खोड़या मिट्टी की खोडर-सी दीखती है। वहाँ तक जाने का मन बना लेती हूँ।

–ड्राइवर साहिब, मैं वह सामने तक जाकर लौटती हूँ।

एक गहरी खंदक चट्टान कुछ ऐसे तिड़की हुई जैसे उल्कापात से फटी हो। मानो चाँद की ठंडी चट्टानें टूटी हों। पास पहुँचकर देखा तो विस्मयकारी दृश्य। पीली मटमैली मिट्टी का खोडर काफी गहरा—देखने से लगे किसी एक और खंदकी कुएँ में धँसा हुआ। देखने में डरावना। सावधानी से कदम उठाकर झाँका तो कान किसी खतरे की घंटी सुनने लगे। इतना गहरा। उस गहराई में पानी भी हो सकता है। होगा। रोमांचक।

हॉर्न पर हॉर्न–लौटिए।

लपककर मैं खोडर की दूसरी दिशा में जाकर फिर से नीचे झाँकती हूँ। खड्ड के उदर में दो ऊँचाइयाँ। जैसे नीचे उतरने का रास्ता तलाश किया गया हो। कोण से गहराई मापनी हो तो शायद इतनी खतरनाक नहीं जितनी लगती है। यह भूतल अजीबोगरीब। हॉर्न–हॉर्न। मैं दौड़ती हुई लैंडरोवर की ओर लौटती हूँ।

कुछ देर इस विराट वीराने में अपनी साँस को सुनती हूँ जो दौड़ने की धसक में हँफने लगी है। अब गाड़ी में बैठ मैंने आँखें तारकोली सड़क पर जमा ली हैं जो मुझे लामायूरु दिखाएँगी।

ढलान पर से दीखती है गाँव की बस्ती। निश्चल छतों तले होगी वही गृहस्थों की दिनचर्या। कोशिश करती हूँ, कहीं चलते-फिरते सयाने दीखें या खेलते बच्चे, पर धूप की चौंध नज़र को रोक लेती है। एकान्त में पड़ा यह गाँव हमारी दुनिया से क्या सच में इतनी दूर है!

'पंचांग के अनुसार वर्ष के सातवें महीने में लद्दाखी किसान अपनी फसल का पहला पूर गोम्पा में चढ़ाते हैं।'

दूर से पताकाएँ दीखने लगी थीं। लामायूरू। इस शब्द को खामोशी से दोहराती हूँ। यह शब्द और इसकी ध्वनि लद्दाख क्षेत्र की प्रतीक है। शिखर दुपहर पार कर धूप अब भी वैसे ही चमक रही है। इसी में लिपटा हुआ है इस प्रसिद्ध विहार का एकान्त जो अपनी गरिमा में निश्चल खड़ा है। हवाएँ न जाने कहाँ आराम कर रही हैं। गोम्पा पर लहराती पताकाएँ स्थिर हैं। खड़े-खड़े पहाड़ और चट्टानी सुनसान में घुली-मिली लामायरू की दीवारों की पहचान कर रही थी कि बाहर एक किशोर शिष्य प्रकट हुए।

ड्राइवर साहिब ने बौद्धी में कुछ कहा तो वह खिलकर मुस्कराए और पूछा—

—क्या आप इधर से आरम्भ करेंगे? मुख्य कक्ष दूसरी ओर है।

-आ ही गए हैं तो इधर से ही देखें-कोई दिक्कत तो नहीं।

—नहीं, ऊपर से ताली लानी होगी।

हमने देखा दहलीज पर कुंडी लगी है।

गोम्पा किशोर शरारती कदमों की उत्साही चाल में पुरानी ऊँची पत्थरीली सीढ़ियाँ फलाँगते ओझल हो गए। मैं खड़ी-खड़ी उस गोम्पा अनुशासन की बात सोचने लगी जो परिवारों से अलग बच्चों को बौद्ध धर्म-चिन्तन में प्रशिक्षित करता है। उनके व्यक्तित्व को बौद्ध जीवन-शैली में स्थित करता है।

हाथ में लम्बी ताली लिये किशोर लामा लौटे तो सहसा मुख के भाव और देहभाषा में जैसे कोई बड़ा परिवर्तन हुआ हो। गम्भीरता से सयानों की तरह झुककर ताली से कपाट खोल खड़े हुए तो लगा जैसे वह युवा-यष्टि में किसी तन्खा पर अँके हों। यह क्षण कुछ ऐसे ठिठका रहा जैसे वहाँ लामायूरु का अस्तित्व हो। दीवार वही, ऊपर का आकाश वही, धरती भी वही और खड़ी हुई मैं भी वही। लगा, सब स्थगित है। क्या यह शिथिलता जलवायु की है?

ताला हाथ में लिये किशोर लामा ने संकेत किया-आइए।

हल्के उजाले और अँधेरे में दीप्त होता आलोक जैसे गोम्पा का अन्तरंग हो। मानवता के कल्याण की याचना करता हुआ और कक्ष में शान्त बैठी सजीव

मूर्तियाँ मानो आशीर्वाद देती हों—शान्ति, शान्ति।

लामायूरु से लौटते हुए आँखों में छाए रहे धर्मपाल।

और महाकाल भट्टारक।

महाकाल भट्टारक नीले रंग में।

त्रिनेत्र और गले में साँप कंकाल—महाकाल की प्रतिच्छाया।

लौटते हुए महाभट्टारक भी अपने साथ ही बने रहे। बार-बार अपने को समझाया-घबराओ नहीं। हर नश्वर को मंजिल तक पहुँचाने के लिए महाभट्टारक साथ-साथ ही गोलाकार घेरे में घेराव किए रहते हैं ताकि कोई उन्हें चकमा न दे सके।

दिल को तसल्ली मिली और ध्यान दशकों पहले देखे हुए रंगून के श्वेतांग पैगोडा पर जा टिका। बड़े गोलाकार घेरे में ऊँचाई पर बने पैगोडा की ओर जाती सीढ़ियाँ और आमने-सामने बनी दुकानें। दुकानों पर साथ-साथ सजे हैं—फूल, बत्तियाँ, दीपदान और मांस-मछली और केकड़े। आँख से देखने पर भी कुछ अटपटा नहीं लगता।

पैगोडों के ऊँचे परकोटे पर चमक रही है शरद-पूर्णिमा। रंग-बिरंगे रेशमी श्वेत

सारींगों में सजे परिवार-खुशदिल बर्मी उत्सव मना रहे हैं। प्रार्थना कर रहे हैं। हर परिवार की ट्रे में बत्तियों की रोशनी है। सब कुछ भरा-पूरा और सजीव। परकोटे का पूरा चक्कर लगाया। देखी महात्मा बुद्ध की विशाल प्रतिमा विश्राम करती हुई।

लेह की बत्तियाँ देखकर मेरे चित्त की सारी चिन्ताएँ काफूर हो गईं। हवाएँ चलने लगी थीं। खाने के बाद सर्किट हाउस पहुँची तो हवाओं के रुख आक्रामक होने लगे थे। मैंने हिमालय पुत्रियों के इस झँझाते मूड को स्वीकार कर कमरे की एक खिड़की खोल दी। दिल्ली में ऐसी हवाएँ कहाँ!

आलची गोम्पा

आलची को सि-चैन बजारपो ने स्थापित किया था। ग्यारहवीं सदी के भित्तिचित्र विहार में सुरक्षित हैं। इन चित्रों की तुलना अजन्ता के चित्रों से की जाती है।

महासरस्वती और अप्सरा तो अनुपम। बुद्ध शक्ति, राजसी प्याला और भक्तजन भी बेहद प्रभावशाली हैं।

विस्मयकारी तो यह कि आलची मठ के बोधिसत्व के रंगीन वस्त्र 16वीं शताब्दी के बताए जाते हैं।

आलची के किनारे बहती नदी से कभी सोना निकाला जाता था। चट्टानों से सट कर बहती नदी की छटा देखने वाली थी। वह इतनी सुन्दर लगी कि मैं दौड़ते-दौड़ते किनारे पर पहुँच गई। मैदानी दुनिया से दूर आलची का यह निर्जन एकांत जैसे हमें किसी दूसरे लोक में ले गया हो। बैठे-बैठे कुछ ऐसा भास हुआ कि हर पल हमारी राजधानी के घंटे के समान है। समय थम-सा गया लगा।

लैंडरोवर की आवाज से चौंकी। हार्न पर हार्न। उठकर कुछ देर खड़ी रही—पहाड़ और नदी के सगेपन को देखा। फिर देखा। कदम उठाया, और जल्दी-जल्दी टैक्सी की ओर बढ़ ली। दुपहर ढलने लगी थी। आलची के साफ-सुथरे घर जैसे

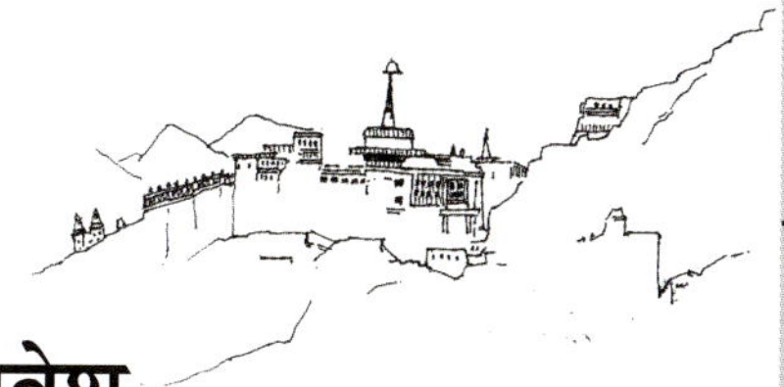

धूप से लिपे-पुते हों। पहाड़ों की साफ-सुथरी सुघड़ाई में घरों के छोटे-छोटे प्रवेश द्वार हम महानगरियों को चुपचाप देखते रहे।

आलची से लौटते हुए मैं लगातार सोचती रही कि राजधानी दिल्ली में भी टिके रहने की क्या तुक! एक छोटा-सा घर आलची में ही क्यों न बना लिया जाए। जब दिल्ली की सुविधाएँ याद आएँ तब सम्पदा और बाहुल्य की देवी के दर्शन कर लिये जाएँ।

आलची से लौटते हुए बाहर के सँझाते वीराने में न हमें चट्टानें दीख रही थीं, न पहाड़ों की शृंखलाएँ। आलची विहार के अपूर्व चित्र और मूर्तियाँ आँखों को बार-बार झपकती थीं।

महासरस्वती, बुद्ध, शक्ति, अप्सरा, बोधिसत्व के रंगीन वस्त्र, भक्तगण, वसुंधरा, आक्रमणकारी, विष्णु, बलराम, कृष्ण के बड़े भाई जिनके एक हाथ में पद्म, एक हाथ में शंख, एक में हल और एक हाथ में मूसल। बाहर आने पर हमने एक विदेशी दम्पति से जिज्ञासा की कि वह नत-मस्तक हुए महात्मा बुद्ध से क्या कुछ वरदान माँग रहे थे!

—उन्होंने बताया कि महान देव के सामने हम कोई सांसारिक इच्छा प्रकट नहीं करते। बुद्ध इच्छाओं की सीमा से बाहर स्थित हैं। इतना ही माँग सकते हैं कि हम

'बुद्ध इच्छाओं की सीमा से बाहर स्थित हैं। उनसे हम इतना ही माँग सकते हैं कि हम इस जीवन में और अगले में भी अनेक जीवों का भला कर सकें।'

इस जीवन में और अगले में भी अनेक जीवों का भला कर सकें। उनके शब्दों से प्रभावित हो, हम फिर अन्दर पहुँचे और सिर नवा कर उसी भाव से वह शब्द दोहराए।

हम लामायूरु गोम्पा में ऐसा कर सके क्योंकि उनके शब्दों ने हम में भी कुछ वैसी ही आस्था जगाई थी। इस भाव ने हमारे अन्तरमन को छुआ। किसी भी कर्मकाण्ड, दान-दक्षिणा से बड़ा है, निःस्वार्थ भाव से गरजमंदों के लिए कुछ करना। जिसे भी हमसे ज्यादा जरूरत है उनकी मदद करना। लौटने के लिए लैंडरोवर की ओर बढ़ते हुए हम किनारे के परकोटे के सामने से होकर निकले तो देखा इतालवी युवक हाथ में किताब लिये फर्श पर बैठे हैं।

-हैलो।

-हैलो।

हम एंजिलो से लेह के टूरिस्ट सेंटर में कई बार मिल चुके थे। पूछने पर बताया कि वह यहाँ ध्यान की कार्यशाला में भाग लेने आए हुए हैं। फिर आभार प्रकट करते हुए कहा—आपका दिया स्टोव अच्छा काम दे रहा है। थैंक्यू।

—आपके लेह आने तक मैं दिल्ली लौट जाऊँगी।

—अच्छा, गुडबाई।

हम दोनों ने हाथ मिलाया। गाड़ी में बैठ कर देखा, एंजिलो ज़मीन पर बैठे फिर किताब पढ़ने में खो गये थे।

हमने एक बुजुर्ग लामा से पूछा कि गोम्पा के लामाओं से क्या लोगों को अपनी शंकाओं का जवाब मिलता है। —वह पूर्ण विश्वास के साथ बोले—क्यों नहीं! वे जानते हैं कि बोधिसत्व अनेक सूक्ष्म शरीर धारण कर सकते हैं। मस्तिष्क को सम्पूर्ण भाव से एकाग्र कर वह एक समय में भिन्न सूक्ष्म रूपों में उपस्थित हो सकते हैं। वह अपने लिए भिन्न प्रकार के आकार भी चुन सकते हैं। उनके पास यह शक्ति है।

दुपहर लेह बाजार में कश्मीरी भाई की दुकान पर

दुपहर लेह बाजार में कश्मीरी भाई की दुकान पर तन्ख़ा देखने गई। सँकरी सीढ़ियाँ चढ़ पहली मंजिल पर पहुँची। काफी बड़ा कमरा और कश्मीरी शॉल, दुशालों से भरा। देखा बहुत कुछ मगर खरीदा सिर्फ एक शॉल। तन्खा देखे तो एक से एक बढ़िया। लेने का मन, मगर इतना जानती थी कि अगर तन्खा ले लिया तो लद्दाख़ का भ्रमण खत्म। वैसे मैंने अपना नियम बना रखा है कि जब भी देश और विदेश में भ्रमण का मौका मिले तो कम-से-कम शॉपिंग और ज्यादा-से-ज्यादा स्थानीय स्थल देखने में कोई कंजूसी न हो। मगर लेह में आकर तन्खा न लेने के निर्णय से दिल में कुछ मलाल-सा हुआ।

सीढ़ियाँ उतरते ही एक बड़ा ढाबा। बाहर खुले में मैदा गूँधा जा रहा है। पहाड़ में तन्दूर! लद्दाख़ को यह शायद मध्य एशिया की देन है। हम आगे बढ़ गए। शुरू हो गई लम्बी कतार में घनी बस्ती। एक के साथ दूसरा, दूसरे के साथ लगा तीसरा घर। गली के आमने-सामने घरों के कपाट कुछ खुले, कुछ बन्द। बीच-बीच में नीचे की ओर जाती पत्थरीली सीढ़ियाँ और गली। यहाँ छोटे-छोटे ढाबों की कतारें। आमने-सामने लकड़ी के बैंच और बीच में लम्बी मेज, कोने में करीने से पड़े एल्युमीनियम के पतीले। यहाँ सर्व होता है सिर्फ धूप में सुखाया गया मांस का

सूप, ब्रोथ और नूडल्स। लद्दाख़ में खासी संख्या में सैलानियों के आने से घरों में एक दो अतिथियों के रहने की जगह भी बनी ही रहती है। शहर के पिछवाड़े सीढ़ियों की कई मंजिलें नीचे जा बाजार की पूर्वी दिशा की ओर बढ़ती गईं। मुझे एक थुल्मा की तलाश थी—साथ ही चाय के समोवार की।

चलते-चलते अपनी उम्र को अपने बचपन से मापने लगी। पुराने दिनों से, जब हमारे यहाँ चीनी की केतलियों का सरदार, चाय का समोवार भी हुआ करता था। वर्षों के दरमियान घरों की अलट-पलट में वह कहाँ रह गया या किसी को दे दिया गया, मालूम नहीं, पर मैं जब भी पहाड़ पर जाती हूँ समोवार और पहाड़ी थुल्मा जरूर खोजती हूँ। इसको देखने-भर से बर्फीली ठंडक का मौसम चाय के इंतजार से गरमाने लगता है और बर्फीली सर्दी में थुल्मा का स्पर्श एक लौ-सी फेंकने लगता है और ओढ़ते ही काँगड़ी की तरह मद्धम-मद्धम सेंक से गरमाने लगता है।

मैं आँखें बन्द करती हूँ।

बौद्ध सद्भावना

1966 में तिब्बत के दलाईलामा लद्दाख़ पधारे। लद्दाखी जनता ने गहरे भक्तिभाव और गर्मजोशी से अपने तिब्बती गुरु का स्वागत किया।

कहा जाता है कि राजा छेयन को लद्दाख़ी अपने सीमान्त के रक्षक के रूप में याद करते हैं। राजा छेयन राजकुमार लाहसा के तिब्बती राजकुमार थे। राजकुमार जिस लड़की से विवाह करना चाहते थे—उसके लिए अपने वृद्ध पिता की आज्ञा न पा सकने पर उस लड़की के साथ लाहसा से लद्दाख़ की ओर भागे। दुर्भाग्य से राजकुमार की मनपसन्द लड़की की रास्ते में ही मृत्यु हो गई।

उस समय बादशाह जहाँगीर का शासनकाल था। नमगियाल बहादुर योद्धा थे। उन्होंने अपनी सेना तैयार की और लद्दाख़ के राजा बने और लद्दाख़ी शासक को हराकर वहाँ का राजपाट सँभाल लिया। नमगियाल ने सत्यपाल में महात्मा बुद्ध की विशाल मूर्ति स्थापित की। छेयन नमगियाल के कोई पुत्र नहीं था। सो उनके बाद उनका छोटा भाई लद्दाख़ के तख़्त पर बैठा। पुरीक के राजा को छोड़कर लद्दाख़ के लगभग सभी छोटे-बड़े राजाओं ने जमया नमगियाल को लद्दाख़ का शासक स्वीकार किया।

लेह में एक मस्जिद देखी। बताया गया कि लद्दाख़ के राजकुमार नमगियाल के शासन में सर्कादो के अलीमीर ने मौका देखकर लद्दाख़ पर चढ़ाई की थी।

पुरीक बाल्टीकस्तान के शासक अलीमीर के साथ थे। नमगियाल ने इन दुश्मन और उसके साथियों पर चढ़ाई की। भाग्य नमगियाल के साथ नहीं था। वह और उनकी सेनाएँ अन्धड़ में फँस गईं। अलीमीर और पुरीक के शासक मिल गए और लड़ाई में अलीमीर ने नमगियाल को बन्दी बना लिया।

बहादुरी से नमगियाल की सेनाओं ने सामना किया पर अलीमीर ने नमगियाल को कैद कर लिया और अपने साथ ले गया। एक रात अलीमीर को सपने में दरिया से उछलता एक शेर दीखा और वह अलीमीर की बेटी के गले जा लगा। यह दिलचस्प राजसी तन्त्र की कहानी है। इस ख्वाब के बाद अलीमीर ने जो किया, वह भी शासक की राजनीति से सम्बन्धित है। जिस दुश्मन नमगियाल को उन्होंने कैद कर रखा था उसे छोड़ा और उसके सामने राजकुमारी के साथ निकाह करने का प्रस्ताव रख दिया। नमगियाल ने इसे स्वीकार किया और लद्दाख़ के महाराज के रूप में, महारानी के साथ अपने राज्य लौटे। कहा जाता है कि लेह की मस्जिद नमगियाल के बेटे ने अपनी माँ अलीमीर की बेटी के लिए बनवाई थी। यह है सीमान्त की बौद्ध सद्भावना का उदाहरण और सत्ता में शक्ति-शास्त्र का राजनीतिक उपाय भी।

'शे' से लौटकर

'शे' से लौटकर मैं टूरिस्ट सेंटर पर रुकी, फिर चलते-चलते बाजार से दूर निकल गई। ढलान पर बिछी खड़िया मिट्टी वाली जमीन में मजबूती से गढ़ी ताम्बई रंग की चट्टान पर लेह के तापमान में पका-तपा चेहरा चट्टान पर निश्चल बैठा कुछ ऐसा लगा जैसे वह कोई साँवले चेहरेवाली अनुकृति हो।

हमने नमस्कार किया।

-नमस्कार, आप कहाँ से आए हैं?

-दिल्ली से।

-दिल्ली तो बहुत बड़ी है न!

हमने विनम्रता से कहा—

-जी हाँ, है तो।

-लद्दाख़ कैसा लगा, पसन्द आया आपको?

-बहुत अच्छा! बहुत सुन्दर।

पक्के लद्दाख़ी चेहरे पर कुछ मुस्कराहट-सी आई।

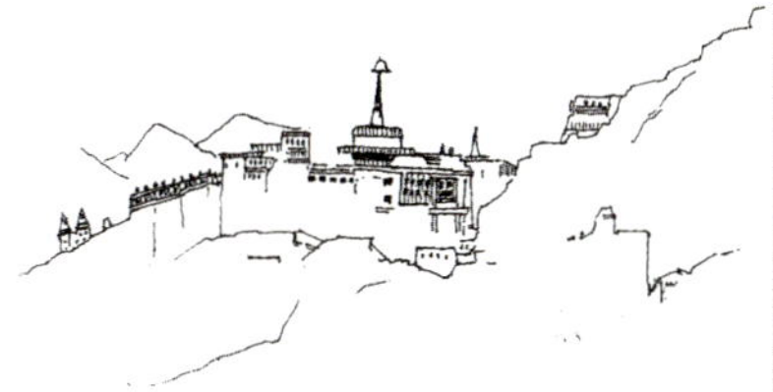

–क्या कश्मीर देखा है?

मैं उनकी बात समझी।

–भला कश्मीर के साथ तुलना क्यों करें। एक वह भी रंग है जो यहाँ है वह वहाँ नहीं, जो वहाँ है वह यहाँ नहीं। अपने देश में लद्दाख़ जैसा क्षेत्र कहीं नहीं। कहीं भी नहीं।

हमने पलटकर उनसे जिज्ञासा की—आप लोग लद्दाख़ और कश्मीर को लेकर क्या सोचते हैं? दोनों एक-दूसरे से दूर नहीं—फिर भी कितने भिन्न।

पुरोधा लद्दाख़ी ने ऐसे देखा जैसे हम कोई बच्चे हों। हँसकर अपना माथा छुआ—हमारा लद्दाख़ है कठोर मस्तक और नीचे कश्मीर घाटी फलती-फूलती।

मैंने चाहा मैं उनसे लम्बी बातचीत करूँ। इनके पास लद्दाख़ी धरोहर की सूक्तियाँ जरूर होंगी पर देखा वह पहले ही हमारी पर्यटक आवा-जावी वाली संज्ञा पर विराम लगा चुके हैं। अब वह फिर वहाँ पहुँच गए जहाँ हम सैलानी नहीं पहुँच सकते। लद्दाख़ की पत्थरीली धरती पर उन जैसे उम्ररसीदा नागरिक को देखकर उनकी उम्र का अन्दाजा ही नहीं लगाया जा सकता। समय बीता नहीं, चेहरे पर ठिठका हुआ लगता है।

उन्हें नमस्कार कर मैं लेह बाजार के ऊपरी किनारे पर उतर गई। मोड़ से उतराई नीचे की ओर। इधर-उधर देखा—सीढ़ियों पर बच्चे खेल रहे हैं। वही पहाड़ी बच्चों के से चमकते चेहरे। दिलचस्प यह कि खेलते-खेलते दोहरा रहे हैं।—

ए-बी-सी तो याद रखो
और
क-ख-ग भी न भूलो।
हमें याद आए किसी मदरसे में सुने यह बोल—
ए-बी-सी
तुम कहाँ गई थी
हैडमास्टर बीमार हैं
उन्हें देखने गई थी।

समय और काल चक्र

समय और काल चक्र को लेकर लद्दाख़ी कैलेंडर जिस तरह चलता है यह जानना बहुत दिलचस्प लगा।

उम्र की बातचीत हो तो चक्र 12 वर्ष का।

लिखित हो तो चक्र 60 वर्ष का माना जाता है। अब लोग 12 वर्ष को ही चक्र में बाँटते हैं और हर चक्र का नाम अलग होता है।

बीयालो—चूहा वर्ष

गलेनगो—बैल वर्ष

स्टैगला—शेर वर्ष

योसलो—खरगोश वर्ष

हीपरगलो—परदार साँप वर्ष

सबरुल लो—सँपीला वर्ष

स्टालो—घोड़ा वर्ष

लुगलो—बकरी वर्ष

स्परीलो—बनमानुष वर्ष

बईलो—पक्षी वर्ष
खोईलो—कुत्ता वर्ष
फूगलो—सूअर वर्ष।

मानवीय परिवार की समय और काल की परिभाषा को जंगल जीवन से भी जोड़ लिया गया है। मानवीय समय में धरती पर जो भी प्राणी साँस लेते हैं और हमारे साथी हैं, हमारे पर्यावरण का हिस्सा हैं, इस धारणा को पुष्ट करने को लद्दाख़ियों ने इसे समय की कड़ी में पिरोया होगा। स्थानीय लोगों से बातचीत करने से यह पता लगा कि वर्षों को इस तरह बाँटने की परिपाटी उन्हें चीन से मिली है।

दिलचस्प है लद्दाख़ी समाज की संस्कारी परम्परा भी। बचपन से लेकर मृत्यु तक के दरमियान किए जानेवाले संस्कारों को अलग-अलग नाम दिए गए हैं।

बच्चे के जन्म के उपलक्ष्य में दी जानेवाली दावत को 'टसासटोन' कहते हैं। नामकरण पर भोज निमन्त्रण 'मिंग टोन' कहलाता है।

विवाह के भोजन निमन्त्रण को 'बैंगटोन' कहते हैं।

मृत्यु के बाद दिया जानेवाला भोज 'शिडटोन', और

अस्थियाँ चुनने के बाद का भोज 'छोरटोन' कहलाता है।

लद्दाख़ का व्यापार

लद्दाख से जो माल बाहर भेजा जाता था—

सुनहरी रंग की बकरियों की छाल

सूती कपड़ा

रेशम की लुंगी

शाल

जरी ब्रोकेड

पशमीना

अफीम

नील

जूती

शहद

गुड़

लद्दाख़ से बोरकस बाहर जाता है। लगभग 500 मन पूगा की सल्फर खानों से निकाला जाता है जहाँ गर्म पानी के स्त्रोत हैं।

लद्दाख़ की ऊन—हजारों मन, शालों के लिए श्रीनगर, नूरपुर, अमृतसर भेजी जाती है।

लद्दाख़ से सूखी खुमानी बाहर जाती है।

लद्दाख़ के दक्षिण-पूर्व में कारटासो झील कियारी से चालीस किलोमीटर पर स्थित है। पुराने वक्तों में इसमें से नमक निकाला जाता रहा है।

चीन से लद्दाख़ में आनेवाले—

शाल की ऊन
चरस
चाँदी की सलाखें
चाय
मखमल
रेशम
फिरोज़ा (बोख़ारा से)
गलीचे
नमक

थिकसे विहार

थिकसे विहार पहुँच कर हम सैलानी लोग एक-दूसरे के आगे-पीछे सीढ़ियाँ चढ़ रहे हैं। ऊपर से आ रही है एक लय में सम्मिलित मन्त्रोच्चारण की गूँज। मैं परकोटे पर ठिठककर दूर-दूर तक फैले विस्तार को आँखों में समेटती हूँ। छोटी-बड़ी ऊँची-मँझोली चट्टानें सिन्ध की धाराओं के किनारे आराम से पसरी हुई धूप सेंक रही हैं। वह सामने, उस ताम्बई चट्टान की लम्बी समतली ऊँचाई पर अगर कागज कलम लेकर बैठा जाए तो पाठ यकीनन अनोखा होगा।

रोमांचकारी! मैं इस दुर्लभ क्षेत्र की एकान्तिक महारानियों को अपनी स्मृति में सुरक्षित करने में लगी हूँ और देसी-विदेशी सैलानियों के कैमरे क्लिक-क्लिक हो रहे हैं।

कुछ और ऊपर खुलता है, धुपीले आकाश तले का विस्तार। काठ की फ्रेम में कसे कैनवस के इर्द-गिर्द बैठे हैं चार लामा। सभी के दाएँ हाथों पर रखी हैं पथरीले रंगों की प्यालियाँ, ब्रश और आँखें टिकी हैं हाथ से उभरती रेखाओं पर। इस एकाग्रता और तन्मयता से अंकित करते बिना बालों के मुँडे सिर स्वयं बौद्ध-कालीन चित्र लग रहे हैं।

'देवनागरी और बौद्धी का खा गा धा चा छा जा झा ता था डा ढा'

गाइड साहिब हमें बच्चों की कक्षा में ले आते हैं। आमने-सामने बैठी छोटे बच्चों की दो कतारें। बच्चे लद्दाख़ी में बार-बार कुछ दोहरा रहे हैं, कंठस्थ कर रहे हैं। बार-बार, कई बार। अब अध्यापक हाथ से मौन संकेत करते हैं—बस।

बच्चे हिन्दी सुलेख के लिए अपनी-अपनी कलम-दवात और तख्ती उठा लेते हैं।

मैं झुककर देखती हूँ। देवनागरी अक्षरों की बनावट साफ-सुथरी है। सहसा देखा बच्चों की एक टोली कोने में बैठे छुटके से बच्चे को नजरों से घेरे है। सभी बच्चे गम्भीर रूप से खामोश हैं।

बनारस में पढ़े श्री देवांग गौर मौन ही छोटे बच्चे को कुछ आज्ञा देते हैं—

छोटी-छोटी तेज आँखों वाले बच्चे ने एक बार शिक्षक की ओर देखा और क्षण भर को खिलौना रेलगाड़ी निकालकर फिर अपने कपड़ों में लुका ली। कुछ ऐसा हुआ कि सभी बच्चे हँस दिए। शिक्षक मुस्कराए भर और हम सैलानी खिलखिला दिए। दूर नीब्रो घाटी से पढ़ने आए इस बच्चे का गोम्पा में पहला दिन है। माता-पिता बच्चे को यहाँ विहार में छोड़ गए हैं, उदास न हो इसलिए खेलने को यह खिलौना रेलगाड़ी दिलवा दी है।

छोटे से लद्दाख़ी बच्चे के हाथ में रेलगाड़ी देख सभी छोटे-बड़े बच्चों की आँखें चमकने लगीं। कैसा हो अगर लद्दाख़ में भी रेलगाड़ी की लाइन बिछ जाए। यहाँ

के बच्चे जो हवाई जहाज और हेलीकाप्टर देखते ही रहते हैं, उनके लिए छुक-छुक गाड़ी का सपना तो दूर का ही है, बिल्कुल पोर्टब्लेयर की तरह जहाँ बच्चे नावों में स्कूल जाते हैं और बड़े-बड़े पानी के जहाज देखते हैं फिर भी रेलगाड़ी के प्रसंग पर उत्साहित हो उठते हैं। समानता! देश का सबसे ऊँचा क्षेत्र लद्दाख़ और सागर से घिरा पोर्टब्लेयर। तुलना में दोनों के बच्चों की एक-सी पसन्द।

गाड़ी को छिपाते ही सभी बच्चे हँसने लगे। बच्चे ने गाड़ी निकाल सबके सामने रख दी और रुँआसा-सा उठकर शिक्षक महोदय के पास जा खड़ा हुआ। जो बच्चे रेलगाड़ी को देखने को उत्सुक थे उन्होंने कहा—नहीं, नहीं, अब हम गाड़ी दिखाने को नहीं कहेंगे। बच्चा भरी आँखों से शिक्षक की गोद में जा झुका। मानो जान गया हो कि गोम्पा में अनुपस्थित माता-पिता नहीं, शिक्षक ही उसके संरक्षक हैं।

शिक्षक का मौन संकेत था शिष्यों के लिए और नीब्रो से आए छोटे से बच्चे को उन्होंने थपथपा भर दिया! बच्चे का संयम अद्भुत लगा। पुरानी गुरु-शिष्य परम्परा से बच्चे का रुलाई रोकना और गुरु के पास जा खड़ा होना—इतना भर ही नहीं, कुछ और भी।

लद्दाख़ के बौद्ध विहार

लद्दाख़ में अनेक बौद्ध विहार हैं और उनमें निवास करनेवाले असंख्य लामा। इन विहारों में अपूर्व भित्तिचित्र, दुर्लभ मूर्तियाँ और हस्तलिखित अनमोल ग्रन्थ बौद्ध धर्म की सांस्कृतिक धरोहर के रूप में सुरक्षित हैं।

इन गोम्पाओं में प्रवेश करते ही यहाँ के हल्के उजालों से अन्तरमन सघन और आत्मिक हो उठते हैं। कुछ ऐसा महसूस करते हैं कि हम जो भी देख रहे हैं—मात्र दर्शक के रूप में ही नहीं, उसमें प्रवेश कर उस समयातीत अनुभूति का आभास होने लगता है जो गोम्पाओं के स्थापत्य में सुरक्षित है।

गोम्पा लाल पीला गुन्छा

लाल मत और पीला मत दोनों के लामा सिर पर बाल नहीं रखते।

शाक्या मुनि को 'छोम दान दास' के नाम से जाना जाता है। इसका अर्थ है—जो विजयी हो चुके हैं।

साधारण-जन उन्हें 'शाक्या धुब्बा' कहकर भी पुकारते हैं। बुद्ध की मान्यता 'साध्या कोन चोक' महानतम बुद्धि के नाम से प्रचलित है।

धर्म की परिभाषा 'छोस कोन चोक' के शब्द में परिभाषित होती है। धर्म महानतम विधान है।

बौद्ध यात्रा पर जाने से पहले बौद्ध पद्मपानी के आगे प्रार्थना करते हैं। माना जाता है कि 'वज्र' भारत से ही सुदूर उत्तर और तिब्बत में पहुँचा था। 'वज्र' को राजसी आदर का प्रतीक माना जाता है। यह भी कि इस पवित्र 'वज्र' में दैवी शक्ति है। 'वज्र' साँची और उदयगिरी के स्तूपों पर भी देखे जा सकते हैं।

द्रास में ऐसे प्राचीन स्तूप हैं जिन पर 'वज्र' अंकित है। प्रार्थना-चक्र तिब्बत की देन है।

लामा लाल-पीला गुन्छा पहनते हैं। गुन्छा का लम्बा घेर लाल पेटी से बँधा रहता है। पाँवों में लाल रंग के ऊन से बुने जूते पहने रहते हैं। यह टाँगों के ऊपर तक ढके रहते हैं। यही सर्दी में पाँव गर्म रखते हैं।

सांस्कृतिक आदान-प्रदान

लद्दाख़ का सांस्कृतिक आदान-प्रदान—

हिन्दूकुश से बिक्टीरिया

बिक्टीरिया से तक्षशिला

और गान्धार जैसे देशों, प्रदेशों और विदेशों से होता रहा। विभिन्न जातियों और धर्मों का सम्मिश्रण लद्दाख़ के जनजीवन और कलाओं में प्रदर्शित और प्रतिबिम्बित है।

मौर्य राज्य के तितर-बितर हो जाने पर पश्चिमी हिमालय तक्षशिला के क्षत्रप के अधीन रहा। इस काल में पहाड़ी कला-संस्कृति के कलात्मक पक्ष खूब उभरे। इसमें सातवाहन और सांगा वंशों का बड़ा योगदान रहा।

कुषाण वंश के कनिष्क ने सोने के सिक्के पर महात्मा बुद्ध का चित्र खुदवाया था।

लद्दाख़ की चट्टानी धरती में खनिज की कमी नहीं। इस सीमान्ती कड़ियल क्षेत्र की सम्पन्नता इस उपहार सूची से प्रदर्शित है जो लद्दाख़ी कथ्य के अनुसार महाराजा स्नैगे नमगियाल द्वारा तिब्बत के प्रमुख गोम्पा को भेजी गई।

सोना
चाँदी

मोती की लड़ियाँ
ऐम्बर मणि
कोरल
फिरोजे की लड़ियाँ, इसके अलावा
100 याक
1000 बकरियाँ
300 तोला सोना
300 बोरे गेहूँ
25 तलवारें
25 रेशम के थान
10 ब्रोकेड
25 आशीर्वाद के स्कार्फ हेतु कपड़े के थान
25 मैच लौक
25 भाले

लद्दाख़ के ऊँचे क्षेत्र की घाटी में स्वर्ण निकाला जाता रहा है। छांगतांग और जालूंग भी स्वर्ण क्षेत्र हैं। कभी लद्दाख़ में राजकोष को दिया जानेवाला 'कर' सोने में वसूल किया जाता था। लद्दाख़ गोम्पाओं में इसकी काफी खपत होती होगी।

मैत्राय, तारा और गुरु सम्भव की मूर्तियाँ या तो सोने में गढ़ी गई हैं या ताँबे या चाँदी पर सोने का पानी चढ़ाया गया है।

मैत्राय, तारा और गुरु सम्भव की मूर्तियाँ या तो सोने में गढ़ी गई हैं या ताँबे या चाँदी पर सोने का पानी चढ़ाया गया है।

अधिकतर प्रतिमाएँ मूल्यवान धातु-स्वर्ण, चाँदी और ताँबे के मिश्रण में ढाली गई हैं। स्वर्ण में बनी मूर्ति द्वितीय दलाईलामा की है।

सिन्ध का सोना

प्राचीन काल से सिन्ध नदी का सोना और लद्दाख़ प्रदेश इसके लिए दुनिया-भर में प्रसिद्ध रहा है। सयाने लोगों ने बताया कि सिन्ध किनारे की रेत से यह निकाला जाता था। दरद, बाल्टी और लद्दाख़ी इसे निकालना और छानना जानते थे। इसका व्यापार दूर देशों तक होता था। सिन्ध का सोना अपनी खास चमक के लिए मशहूर था। निपुण चींटीखोर चींटियों द्वारा पोली की गई मिट्टी को प्राप्त कर उसमें से सोना निकालते थे। इस काम के लिए वह चमड़े के थैले इस्तेमाल करते थे।

चुंगीघर

एक शाम लेह बाजार में टहलते हुए हुशियारपुर के परिवार से भेंट हो गई। उन्होंने बताया कि पीढ़ियों पहले उनका परिवार लेह में आ बसा था। यहाँ से बाहर विदेशों

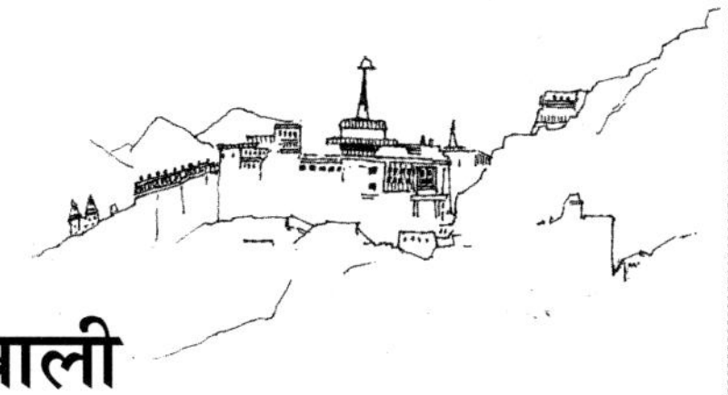

में लद्दाख़ से तिब्बत, चीन और यारकन्द जानेवाली और वहाँ से आनेवाली जिन्सों और बाहर से आनेवाले माल की आवा-जाही उन दिनों घोड़ों और खच्चरों के जरिए होती थी।

मैं पुराना चुंगीघर देखने निकल गई। मुझे अपने हिसाब से यह चुंगीघर देखना ऐतिहासिक-सा लगा। एक पुरानी इमारत। मैं ख्यालों ही ख्यालों से कहीं कुछ जुड़ा रही हूँ।

वहाँ पहुँची तो ख्यालों ही में कई सदियाँ फलाँग डालीं। यहीं—लेह का चुंगीघर पता नहीं कितना पुराना है। कल्पना इतनी तीव्र कि साकार हो उठी। खच्चरों और घोड़ों की कतारें खड़ी हैं। एक पंक्ति यहाँ से यारकन्द की ओर जानेवाली और दूसरी तिब्बत और चीन से आनेवाली। बीच-बीच में घोड़े हिनहिना रहे हैं। खच्चरों के गले में उन दिनों भी जरूर घंटियाँ बजती होंगी।

चुंगीघर में कामगार साहिब माल का हिसाब-किताब करने में लगे हैं। पास खड़ा है कारवाँ का सरदार। खतरों का सामना करनेवाला कड़ा चेहरा, तातारी नाक और काठी में छिपाए वह जिगरा भी जो बर्फीले पहाड़ों, घाटियों और दर्रों को पार करने में सक्षम है।

यारकन्द जानेवाला लम्बा कारवाँ तैयार हो रहा है। माल की बँधी गाँठों की गिनती हो रही है।—शिनाख्त की जा रही है, फिर उस पर लगनेवाली महसूली ली जा रही

‘लेह समुद्रतल से 11,500 मीटर की ऊँचाई पर है। श्रीनगर-लेह मार्ग के बीच पड़नेवाला लद्दाख़ क्षेत्र कारगिल समुद्रतल से 9000 मीटर की ऊँचाई पर है। क्षेत्रफल के हिसाब से लद्दाख़ भारत का सबसे बड़ा जिला है। यहाँ का दिन इतना गर्म कि प्यास से गला सूख जाए। रात इतनी सर्द की गरमाहट को पास न फटकने दे। रात का तापमान शून्य से नीचे और दिन का मैदानों जैसा। पूरे वर्ष में तीन-चार बार ही बूँदाबाँदी और सिर्फ दो-तीन इंच बर्फ। क्षेत्र को घेरे हुए सजीले शिखर लद्दाखि़यों को दीखते रहते हैं, पर उनके लिए सर्द हवाएँ नहीं फेंकते।’

है, और फिर 'कागदों' पर मुहर लगाई जा रही है। बहादुर लोग हैं—दुर्घटनाओं का सामना करने को तैयार। महीनों बर्फीले अन्धड़-आँधियों में चलते रहनेवाले कारवाँ कई बार तूफानों में घिरते होंगे। कुछ बचते होंगे, कुछ नष्ट हो जाते होंगे। स्थानीय लोगों से सुना है कि हिमगिरी की तूफानी आँधी में मशहूर दौलत बेग का कारवाँ बर्बाद हो गया। इन रास्तों पर जानवरों और कारवाँ की निगरानी करने वाले लोगों के कंकाल देखे जाते रहे हैं। भीषण बर्फीले तूफानों में ऐसे हादसे गुजरते रहे हैं।

'कर्राकुर्रम दर्रे पर दोपहर 12 बजे से 4 बजे तक हवाएँ 100 किलोमीटर की रफ्तार से चलती हैं।'

लद्दाख़ का सांस्कृतिक और व्यापारिक विकास जितना भारत से जुड़ा रहा है उतना ही उसकी भौगोलिक सीमाओं के आर-पार के देशों से भी। लद्दाख़ से खेतान और यारकन्द, कर्राकुर्रम दर्रे से यारकन्द और लेह-हिन्दुकुश से बिक्टीरिया और तक्षशिला और गांधार जैसे राजपथों से होकर पैदल के रास्ते व्यापार होता रहा है।

सीमान्त के दर्रे

आज जो अहमियत सड़कों, हवाई पट्टियों और हवाई अड्डों की है, वही उन दिनों कठिन, दुर्गम रास्तों से जुड़े दर्रों की थी।

इन्हीं दर्रों की राह लद्दाख़ से कारवाँ आते-जाते रहते थे। रोमांचकारी है यह सोचना कि पर्वतों की ऊँची चोटियों में दुबके दर्रों को पार करना कितना खतरनाक होता होगा। विस्मयकारी है यह सोचना कि लद्दाख़ जैसे क्षेत्र से सदियों-सदियों खच्चरों और घोड़ों पर सामान लादे कारवाँ कैसे आँधी-अन्धड़ का सामना कर दूसरे देशों से व्यापार करते होंगे। लद्दाख़ के व्यापारिक प्रवेशद्वार रहे कर्राकुर्रम और सुगत के दर्रे लेह को सिन्कियांग से जोड़ते थे।

लद्दाख़ से खेतान और यारकन्द आने-जानेवालों के लिए कर्राकुर्रम को पार करना होता था।

यारकन्द से दौलतबाग, ओल्डी, सासरला, ससोमा, पानामिक और खारदूलांग से लेह पहुँचा जा सकता था। इसी तरह मध्य एशिया, चीन, ईरान और तिब्बत से व्यापार किया जाता था।

एक और रास्ता श्रीनगर लेह से होकर कर्राकुर्रम के दर्रे से यारकन्द जाता था। कर्राकुर्रम दर्रे की ऊँचाई समुद्रतल से 5575 फीट ऊपर है।

गारो से तिब्बत के लिए एक रास्ता है जो दमचोक से फुकची और डुगेरी चूशूल से होता हुआ पैंगकोग झील के तलवे से लूकूंग और टैनगरसे से दारचुक और चांगला दर्रे से लेह आता था।

एक और कठिन रास्ता दारचुक से शियोक होते हुए कर्राकुर्रम के दर्रे तक पहुँचाता था।

गर्मी के महीनों में कारवाँ खारदूलांग ग्लेशियर से होकर दिस्कट से पानामिक होते हुए कर्राकुर्रम तक पहुँचता था। महीनों-महीनों खच्चरों और घोड़ों की लम्बी कतारोंवाले कारवाँ माल-असबाब के साथ तूफानी आँधियों में गर्क भी हो जाते थे।

ऐसी ही भीषण आँधियों में दौलत बेग का कारवाँ भी फँसा और नष्ट हो गया। आदमियों और जानवरों के कंकाल बहुत देर तक बर्फ में नजर आते रहे। लद्दाख़ी लोक ने दौलत बेग ओल्डी को आज भी जिन्दा रखा हुआ है। लद्दाख़ी में ओल्डी का अर्थ कब्र है।

सुल्तान चुसकू का कारवाँ भी दौलत बेग के कारवाँ की ही तरह बर्फ में धँस गया। सुल्तान चुसकू को अपनी बहादुरी पर गुमान था और अपने घोड़े पर अडिग विश्वास—पर तूफानी अन्धड़ सब कुछ लील गया।

‘कर्राकुर्रम तुर्की भाषा का शब्द है। कर्राकुर्रम का अर्थ हैकाला पहाड़। कर्राकुर्रम लद्दाख और तिब्बत की प्राकृतिक सीमा है। सियाचीन, हिमगिरी, ग्लेशियर कर्राकुर्रम शृंखला का ही हिस्सा है। कर्राकुर्रम समुद्र तल से 5575 फीट ऊँचा है।’

कहा जाता है कि सुल्तान चुसकू के बदन के कपड़े तार-तार हो गए और वह 50 मील की दूरी पर जा गिरे। सुल्तान की कब्र शियोंग नदी के किनारे बनी हुई है। लद्दाख़ियों का कहना है कि चुसकू का प्रेत आज भी कर्राकुर्रम दर्रे के आसपास घूमता है।

कश्मीर और लेह को जोड़ता जोजीला दर्रा 3 किलोमीटर लम्बा है। यह दर्रा घिरा है 14 हजार फीट से लेकर 17 हजार फीट की ऊँचाई तक। वर्ष में करीब पाँच महीने बर्फ तले होता है। जोजीला के उत्तरपूर्व में जन्सकार शृंखलाएँ 11578 फीट की ऊँचाई पर स्थित हैं।

जोजीला दर्रा श्रीनगर के उत्तर-पूर्व में जन्सकार शृंखलाओं में स्थित है जो समुद्र तल से 11,578 फीट की ऊँचाई पर है। यह जन्सकार शृंखला बाल्टीस्तान के दियोसाई मैदानों को कश्मीर की घाटी से अलग करती है।

सिन्ध दरिया

कई बरस पहले सिन्धु और सिन्धु घाटी की जानकारियों पर बात करते जवाहरलाल नेहरू विश्वविद्यालय के गिरिजा कुमार साहिब ने सिन्ध दरिया पर अपना एक आलेख पढ़ने को दिया था। उससे सिन्ध और सिन्धु संस्कृति के लिए जिज्ञासाएँ उभरीं। सिन्धु घाटी के सन्दर्भ में सिन्ध और काबुल दरियाओं को देखने का बहुत मन था। सिन्ध दहाड़ता दरिया मशहूर है।

लद्दाख़ी विश्वास के अनुसार सिन्ध सिंहमुख से निकला है। इसे सिंगे छू भी कहते हैं। ब्रह्मपुत्र पवित्र घोड़े के मुख से निकला है। गंगा—गऊ मुख से निकली है। सतलुज हाथी के मुख से निकली और गीगरा मोर की चोंच से। लद्दाख़ी समाज नदियों को अदृश्य शक्ति के रूप में आदर से देखते हैं।

सिन्ध दरिया का मुकाबला एक ही दरिया कर सकता है—वह है ब्रह्मपुत्र। सिन्धु और ब्रह्मपुत्र ने अपनी बाँहों में लद्दाख़ से इम्फाल तक की दूरियों को समेट रखा है। सिन्ध मानसरोवर झील के उत्तर-पश्चिम से निकलकर कैलाश पर्वत की ढलानों से अपनी यात्रा आरम्भ करता है। फिर 'दमचोक' के दक्षिण-पूर्व से लद्दाख़ में प्रवेश करता है।

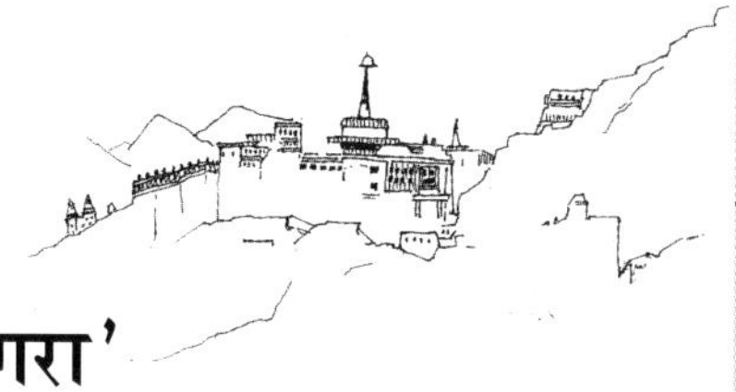

लगभग 560 किलोमीटर बहकर सिन्ध 'हरमोश' चोटी की तलहटी से 'थांगरा' और 'खारताक्षो' पर लद्दाख़ शृंखला को काटता हुआ लद्दाख में लेह के पास से गुजरता है। 'हरमोश' चोटी को अपने दाहिने लिये हुए सिन्ध भयानक दिल दहला देनेवाले गहरे कटाव पर बुन्जों से बहता हुआ नागा पर्वत को पीठ देता है। इस महान मोड़ पर गिलगित कोहिस्तान के दक्षिण में सिन्ध और स्वात हैं जो हिन्दुकुश से पिघलती बर्फों से भरे रहते हैं।

कोहिस्तान के दक्षिण में सिन्ध और स्वात दरिया हिन्दुकुश की बर्फीली शृंखलाओं से पिघलते पानियों से भरे रहते हैं।

'बारालाचा सिन्ध दरिया और जेहलम, चनाब, रावी, व्यास और सतलुज का वाटर शैड है।'

इनको छाँह देते शिखरों के बीच 'उदयन' है जिसे अब स्वात के नाम से पुकारा जाता है। 'स्वात' पाकिस्तान में है। लद्दाख़ का व्यापारिक और सांस्कृतिक विकास लद्दाख़ से खेतान और यारकन्द, कर्राकुर्रम दर्रे से यारकन्द और लेह-हिन्दुकुश से बिक्टीरिया, बिक्टीरिया से तक्षशिला और गान्धार जैसे राजपथों से होता रहा।

तुर्की भाषा में कर्राकुर्रम का अर्थ—काला पहाड़ है। कर्राकुर्रम दर्रे में दुपहर बारह बजे से शाम चार बजे तक तेज तूफानी अन्धड़ आते हैं। इन अन्धड़ों की रफ्तार लगभग एक सौ किलोमीटर प्रति घंटा होती है।

"मानसरोवर से भारत की चार बड़ी नदियाँ निकलती हैं। सिन्धसिंह दरिया दहाड़ता दरिया कहा जाता है। सतलुज/ब्रह्मपुत्र गंगा और सतलुज। कहते हैं सिन्धसिंह मुख से, सिन्ध की छोटी बहन जन्सकार है। ब्रह्मपुत्रएक पावस घोड़े के मुख से। गंगागौमुख से और गोगरा मोर की चोंच से।"

पुराने वक्तों में ऊँचे पठारों और दुर्गम पहाड़ों के पैदल रास्तों से होकर जो कारवाँ लद्दाख़ से मध्य एशिया, चीन, तिब्बत की ओर बढ़ते वे खच्चरों और घोड़ों पर माल ले जाते। केसर, शाल-दुशाले, रेशमी लुंगी, अफीम, बनारसी ज़री, नील, जूते, साफे, शहद, गुड़, सूती कपड़ा और बकरी की खालें।

इतिहासकारों के अनुसार—

सिन्ध के किनारे आलची में दरद महाराजा ने किला बनवाया था। उस राजसी कुल के अन्तिम राजा श्रीमा गोयाशिन कहलाते थे। बाद में धर्मान्तरण के बाद यह खानदान सुल्तान कहलाने लगा। आलची के किनारे बने पुल के संरक्षक के रूप में उस समय एक चुंगी अधिकारी भी नियुक्त था जिसे मडी गटसोंग के नाम से पुकारा जाता था। एक पुराने चुंगीघर के अवशेष भी यहाँ पाए गए।

मानसरोवर

कैलाश पर्वत के बर्फीले स्त्रोतों से निकली यह पवित्र झील हमारी धवल शुभ्रता की प्रतीक है जो हम भारतीयों के सोच-विचार और चैतन्य की कुंजी है। हिमालय पर इसका स्वच्छ नीला जल भारतीय मानस के निकट अमृत रूप में अमरत्व की भावना से जुड़ा है।

बुद्धं शरणं गच्छामि

बुद्धं शरणं गच्छामि

धम्मं शरणं गच्छामि

संघं शरणं गच्छामि।

बौद्ध मनीषा से मुखरित इन पंक्तियों को बौद्ध के अनुयायी शरण गमन कहते हैं। महात्मा बुद्ध ने जितना महत्त्व संघ को दिया, उतना और कहीं नहीं मिलता।

बुद्ध कहते हैं—

तुम बुद्ध धर्म और संघ का आश्रय लेकर अपने परिश्रम से अपने तथा औरों के दुख का नाश करो। दुनिया के दुख कम करो।

बुद्ध ने परिश्रम को सर्वोत्तम बताया, कहा—

मैं भी किसान हूँ।

मैं श्रद्धा का बीज बोता हूँ।

उस पर परिश्रमी प्रयत्नों की वृष्टि होती है।

प्रज्ञा मेरा हल है।

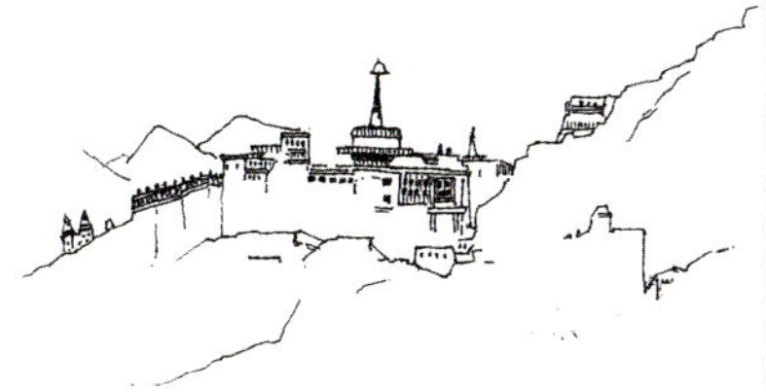

लज्जा हल का मूठ है।

चित्त रस्सियाँ हैं।

जागृति हल की फाल और चाबुक है।

शरीर और वाणी से मैं संयम रखता हूँ।

नियमित आहार में रहकर सत्य द्वारा मन के दोषियों की गोड़ाई करता हूँ।

सन्तोष मेरी आवश्यकता है।

उत्साह मेरे बैल हैं।

मेरा वाहन ऐसी दिशा में जाता है जहाँ दुख नहीं, शोक नहीं।

बौद्ध धर्म के अनुसार अपने को, दूसरों को और ब्रह्मांड को समझने-बूझने को हमारे पास पाँच प्रकार की आँख के विभिन्न स्वरूप और गुण चाहिए।

मानस चक्षु
दिव्य चक्षु
प्रज्ञा चक्षु
धर्म चक्षु

'पूर्व हिमालय ब्रह्मपुत्र और गंगा-जमुना के पानियों को विभाजित करता है।'

तथा

बौद्ध चक्षु।

इसी साँझे ज्ञान में मनुष्य मन की अन्तर्दृष्टि उसे सम्पन्न बनाती है। संकुचित भावनाओं से ऊपर उठाती है।

पहले भगवान बुद्ध ने भिक्षुओं को स्वयं दीक्षा दी थी। उस समय केवल 'ऐहिभिक्षु' वाक्य से ही प्रव्रज्या विधि हो जाती थी। फिर जब भिक्षुओं की संख्या बढ़ने लगी तो भगवान ने पुराने भिक्षुओं को ही नए आनेवालों की प्रव्रज्या देने की अनुज्ञा दे दी।

उसकी विधि इस प्रकार थी कि भिक्षु सिर मुंडा, घुटने टेक और हाथ जोड़कर तीन बार कहता–

बुद्धं शरणं गच्छामि
धम्मं शरणं गच्छामि
संघं शरणं गच्छामि।

बौद्ध धर्म पंचस्कन्ध

रूप, वेदना, संज्ञा, संस्कार और विज्ञान—इन पाँच पदार्थों को पंचस्कन्ध कहते हैं।

सुखकारक, दुखकारक वेदना और अपेक्षा वेदना—इन तीन प्रकार की वेदनाओं को वेदनास्कन्ध कहते हैं। घर, पेड़, गाँव आदि विषयक को संज्ञा-स्कन्ध कहते हैं।

लद्दाखी गुरुद्वारा

बस स्टॉप पर जाकर शार्ट-ट्रिप का टिकट लिया। बस आधी से ज्यादा भर चुकी थी। सैनिकों के परिवार गुरुद्वारे माथा टेकने जा रहे हैं।

सीधे-सपाट वीराने में से गुजरती बस ऐसे लग रही है जैसे वह हमें चाँद की सतह पर छोड़नेवाली हो।

बस रुकी। अन्दर जाकर माथा टेका। गुरुद्वारे के सेवादार बताने लगे कि इस प्राचीन स्थान पर गुरुनानक देव लम्बी यात्रा के दौरान रुके थे। विस्मयकारी। सदियों पहले गुरु साहिब क्या पैदल ही देश-विदेश तक पहुँचे कि घोड़ा दौड़ाते हुए उन्होंने यहाँ के दुर्गम दर्रे पार किए होंगे। इस सीमान्त पर कारवाँ तो तब भी आते-जाते थे। कहते हैं कि गुरु साहिब मक्का मदीना तक पहुँचे थे। जाने कौन से रास्ते से वहाँ पहुँचे होंगे। इस प्रसंग पर तो इतिहासकार ही रौशनी डाल सकते हैं।

ग्रन्थी जी ने बताया कि हम गुरुद्वारे में पानी की सुविधा चाहते हैं। दूर के झरने से पाइप लाइन खींचकर गुरुद्वारे तक लाना चाहते हैं।

लद्दाख़ में जिसका भी शासन रहा—वह व्यापारी कारवाँ के आने-जाने की सुविधा, सुरक्षा की व्यवस्था करता रहा। चुंगी महसूल भरने के बाद विदेशों को जाने और यहाँ से जानेवाले दुर्गम पार-पथ कारवाँओं के लिए सदा खुले थे।

राजाज्ञा के अनुसार बाहर से आनेवाले माल और खच्चरों को आगाह करने या लूटने की मनाही थी। कश्मीर, बाल्टीस्तान, तिब्बत, यारकंद से आने-जानेवाले व्यापारी, खच्चरों, घोड़ों को और यात्रियों को नियमानुसार सुरक्षा दी जाती थी।

लंगर के बाद बच्चों की आवाजों के गुच्छे बस में आ टिके और गुरुद्वारा निर्जन एकान्त में किसी पनाहघर—सा दीखने लगा।

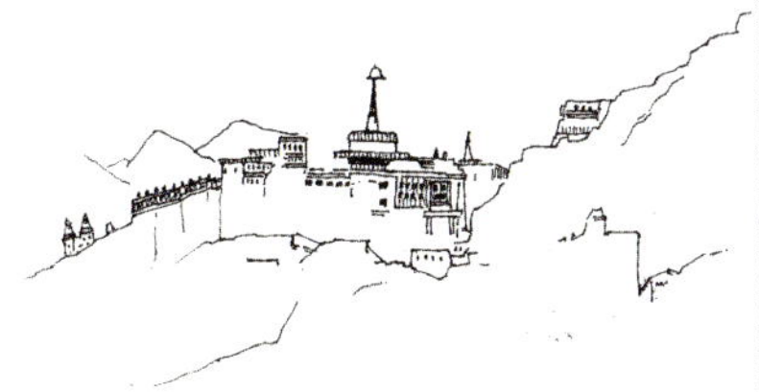

कारगिल ट्रिप

कारगिल जाते हुए हम लोग लैंडरोवर में तीन जन थे। मैं और मेरे सहयात्री दो कश्मीरी शिक्षक। वे लेह में मीटिंग के लिए आए थे।

रास्ते में बातचीत होती रही। पूछने लगे—आपने लेह में क्या-क्या देखा? मैं तो लद्दाख के कठिन पथरीले और चट्टानों से भरे लैंडस्केप से अभिभूत थी। मेरी ओर से प्रशंसा थी पर उन्हें लगा कि मेरे वर्णन में अतिरेक है। इसने मुझे तनिक भी परेशान नहीं किया क्योंकि मैं कश्मीर और लद्दाख़ का फर्क भली-भाँति जानती थी।

उन्होंने पूछा—क्या आपने कश्मीर देखा है। क्या वहाँ से होती हुई आई हैं?

—नहीं, इस बार तो सीधी यहीं पहुँची हूँ। वैसे कश्मीर के बहिश्त को भी देख चुकी हूँ। अल्लाह मियाँ ने सिर्फ लिद्दर ही नहीं बन्दों के लिए नियामतों और बरकतों के दरिया बहा दिए हैं।

सुनकर वह खुश दिखे। अपने वतन को कौन प्यार नहीं करता और फिर कश्मीर वालों की आँखें जो देखती हैं वह तो अद्भुत से भी अद्भुत। मैंने पूछा—क्या आप लोग श्रीनगर से हैं?

—नहीं, हम लोग कारगिल के हैं। डोगरा राज में हमारे बुजुर्ग घाटी से कारगिल चले आए थे।

—वहाँ आना-जाना तो रहता ही होगा?

—जी हाँ, हमारी रिश्तेदारियाँ वहाँ हैं।

—क्या कारगिल में भी पुराने बौद्ध गोम्पा हैं?

—जी नहीं। दो जामा मस्जिद हैं। एक शिया की और दूसरी सुन्नी मत वालों की।

—दोनों के बीच कुछ खींचातानी भी बनी रहती होगी।

—वैसे तो कोई झगड़ा नहीं। हाँ, पुराने वक्तों से कारगिल से व्यापार चलता रहा है। श्रीनगर से लेह और लेह के दर्रों से बाल्टीस्तान, ईरान, तिब्बत और चीन।

—कुछ लोग अलीशेर के हमले की बात बता रहे थे। बात बीच में ही छूट गई।

—जी हाँ, अलीमीर की कहानी आप सुन चुकी होंगी। उन्होंने लेह महाराज को अपनी लड़की ब्याह दी। कुछ देर तो दोनों के बीच ठीक-ठाक चलता रहा। फिर बड़े नवाब के जाने के बाद बेटे अलीशेर गद्दी पर बैठे। इस बीच दोनों राज्यों के बीच तआल्लुकात अच्छे न रहे और अलीशेर ने लद्दाख़ पर चढ़ाई कर दी। लद्दाख़ के सीनेगे नमगियाल भी तनाव में आ गए। लेह की सुरक्षा का बीड़ा अपने छोटे भाई नीसबू को दिया। सीनेगे ने अलीशेर की फौजों को कारगिल तक

बढ़ने दिया और फिर कारगिल की ऊँचाइयों से अलीशेर की सेनाओं को घेर लिया और लेह महाराज विजयी हुए।

इन्हें पराजित कर लद्दाख़ी सेनाओं ने तिब्बत में लहसा की ओर मुँह कर दिया।

सेनाएँ लेह और लहासा के बीच पहुँचीं तो लहासा की ओर से सन्धि प्रस्तावना के साथ राजसी उपहार भी लेह के लिए भेंट किए गए।

लेह महाराज ने दोस्ती का हाथ स्वीकार किया और विजयी होकर लेह लौट गए। लद्दाख़ी इतिहास-परम्परा के अनुसार महाराज सीनेगे महान योद्धा थे। उन्होंने अपने लद्दाख की सीमाएँ विस्तृत कीं। पुरीक, रुदोक, मंगीयाम और सिन्ध किनारे का 'दाह' भी जीता।

फिर अपने जीवनकाल में ही राज्य के तीन हिस्से कर दिए।

सबसे बड़े राजकुमार को लेह, पुरीक, रुदोक, सूर और हिमबाब दिया—दूसरे राजकुमार को गूगे और सबसे छोटे राजकुमार को स्पीती और जन्सकार। महाराज ने पचास वर्षों तक लद्दाख पर राज्य किया। उनका निधन 1670 में हुआ।

हमने कश्मीरी शिक्षक साहिब से पूछा—आप जरूर इतिहास पढ़ाते होंगे।

वह हँस दिए।

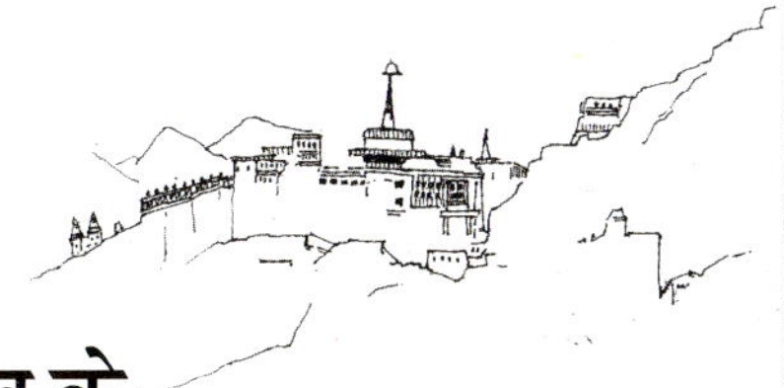

—आपका अन्दाजा गलत नहीं। हाँ, सिर्फ किताबों की ही बात नहीं। कारगिल के लोग बहुत कुछ पुराना दोहराते हैं। गिलगित, स्वात और बाल्टीस्तान से लोग माल लेकर आते रहे और इधर से जिन्स लेकर जाते रहे।

कारगिल के आसपास हरियाली है। मैं कारगिल के छोटे से बाजार में घूमती हूँ। जो मिलते हैं। वे मुस्कुराते हैं। दोनों मस्जिदों की मीनारें देखती हूँ।

लौटने में सुरुनदी। पानी का रंग नीला नहीं—जैसे कोई ताँबई चट्टान पिघल रही हो।

पुरानी मजबूत हवेली में मैं कारगिल में घूमकर नए कश्मीरी दोस्तों के घर कहवा पी रही हूँ। ट्रे में प्याले चमचमा रहे हैं। कहवा। सामने बैठे हैं हँसमुख सीमान्ती चेहरे। बहुत कुछ का मिश्रण। इसमें से किसी एक रंग को अलग करना सचमुच मुश्किल।

लैंडरोवर का हॉर्न।

मैं सबसे विदा ले रही हूँ। बेगम हाथ पकड़े पूछती हैं—क्या पाकिस्तान से हैं?

मैं हँसती हूँ। 'हाँ' और 'न' दोनों।

—मैं हिन्दुस्तान से हूँ, मगर पैदा हुई थी पाकिस्तान में।

वह मेरा हाथ दबाती हैं—चलो यह भी अच्छा है। आपकी रिश्तेदारी तो होगी दोनों तरफ?

—जी नहीं, वहाँ सब कुछ समेटा जा चुका है।

'सुरू सिन्धु से मिलती है। द्रास दरिया जोजीला से निकल कर कारगिल से कुछ ही दूर सुरू से जा मिलता है।

कारगिल तीन किलों से घिरा है। इसीलिए इस क्षेत्र का नाम कारगिल पड़ा।

इन तीन किलों से एक कथा और भी जुड़ी है कि तीन भाई गिलगित से चले और उन्होंने यहाँ अपने-अपने लिए तीन किले बनवाए।'

—क्या जम्मू-कश्मीर में आपकी रिश्तेदारी है!

—है तो हमारी दादी साहिब के मायके के परिवार।

—वो लोग कौन हैं?

—श्रीनगर के नंदा, टेक बहादुर, जंग बहादुर, जनक बहादुर।

मैं पूछती हूँ—और आप?

—मैं भी उधर से ही हूँ। चलिए—खुशी-खुशी मैं हाथ मिलाती हूँ। हमारे जमाने में ही 'इधर' 'उधर' होना था।

—जी हाँ, हमें चिट्ठी-पत्री तो कभी आती है। पर जो इलाका चीन में गया वहाँ से खबर नहीं।

हम एक-दूसरे का हाथ थामे हैं। खामोशी से अलविदा। आपके खूबसूरत चेहरे को कभी भूलूँगी नहीं। गाड़ी की ओर बढ़ते हुए—खुदा हाफिज।

सुरू सिन्धु से मिलती है। द्रास दरिया जोजीला से निकल कर कारगिल से कुछ ही दूर सुरू से जा मिलता है।

कारगिल तीन किलों से घिरा है। इसीलिए इस क्षेत्र का नाम कारगिल पड़ा।

इन तीन किलों से एक कथा और भी जुड़ी है कि तीन भाई गिलगित से चले और उन्होंने यहाँ अपने-अपने लिए तीन किले बनवाए।

लददाख़ी युवा पीढ़ी

लद्दाख़ी युवा पीढ़ी नए समय और उसकी चुनौतियों का सामना करने को उत्साहित है। आधुनिक ज्ञान-विज्ञान में दिलचस्पी ले रही है। केन्द्र द्वारा खोले गए शिक्षा संस्थान में पहुँची तो वहाँ की गतिविधियाँ देखकर अच्छा लगा। स्फूर्ति और सतर्कता एक साथ।

पुस्तकालय की कई शैल्फ हस्तलिखित ग्रन्थों से भरी हैं। हस्तलिखित ग्रन्थ बहुत जतन से लाल कपड़े में सहेजकर रखे जाते हैं।

एक नौजवान किताबें लौटाकर बाहर निकलने को थे कि मैंने उनसे बातचीत का कुछ समय माँग लिया।

बरामदे की छाँह में बैठकर साहित्य की उनकी पाठ्य-रुचियों पर बात होने लगी। उन्होंने हिन्दी, अंग्रेजी की पुस्तकों के नाम लिये।

—आप अपने लिए कौन-सा व्यवसाय चुनना चाहेंगे। क्या लद्दाख़ में ही रहना चाहेंगे या कहीं बाहर जाना चाहेंगे?

गहरे आत्मविश्वास से वह बोले—मैं प्रशासनिक सेवाओं की परीक्षा में बैठूँगा। मेरा सपना है कि मैं लेह का कलक्टर बनूँ।

—भविष्य के लिए आपको शुभकामनाएँ। आप सफल हों।

वह हँसे —शुक्रिया मादाम, मैं दिल्ली पहुँचा तो आपसे जरूर मिलूँगा।

—इतना भी बताएँ कि क्या आप या आपके साथी बौद्धी, उर्दू या हिन्दी, अंग्रेजी में भी कुछ लिखते हैं।

—जी हाँ। हमारी नई पीढ़ी इस ओर जोर-शोर से अग्रसर है। लद्दाख़ी कविता में नए-नए प्रयोग हो रहे हैं। उर्दू में भी कहानियाँ लिखी जा रही हैं। रेडियो नाटक काफी लोकप्रिय हैं।

—और आपका लोकसाहित्य?

—मादाम, युवा लोगों को अपनी लोक-कथाएँ और लोकगीत अब आकर्षित कर रहे हैं।

शिक्षा संस्थान के निदेशक के साथ चाय ली, फिर लायब्रेरी की शैल्फ पर नजर मारी।

निदेशक साहिब ने लद्दाख़ी लेखकों के नाम बताए। अब्दुल गनी शेख उनमें अग्रणी हैं। बताया कि यहाँ लेखकों की अच्छी-खासी रौनक रहती है। मुशायरे बहुत लोकप्रिय हैं। विभाजन पर भी कहानियाँ लिखी गई हैं।

लद्दाख़ी बोलियों की बात हुई तो उन्होंने बताया कि यहाँ बोलियों की भी कमी नहीं है। विभिन्न इलाकों के हिसाब से उनका ध्वनि-संसार एक-दूसरे से बदल

जाता है। जैसे—नूंबरा, चांग-थांग, कारगिल।

साहित्यिक कार्यविधियाँ खूब उभर रही हैं। लोग विविध विषयों पर लिख रहे हैं।

'जोजीला के आरपार'

'दो राहा'

'वह जमाना' जैसे प्रकाशन भी शौक से पढ़े जा रहे हैं।

लद्दाख़ की कहानी को तो पुरस्कृत भी किया जा चुका है।

लद्दाख़ी जनता आज अपने 'लोक' की ओर आकर्षित हो रही है। वह लोकगीत-लोककथा और पारम्परिक काव्यकृतियों को नाट्यमंच पर प्रस्तुत कर रही है।

यहाँ का वाचन बहुत समृद्ध है। उसमें कई भाषाओं का सम्मिश्रण है। तिब्बती, तुर्की, बौद्धी, लद्दाख़ी, कश्मीरी, फारसी आदि। उर्दू यहाँ डोगरा राज के जमाने में आई।

आज के लद्दाख़ी युवाजन सीमान्ती आसमान को निरखते हुए बड़ी विस्तृत दुनिया की ओर उन्मुख हैं। नई निगाह से दुनिया को देख रहे हैं।

इस सिलसिले में इस युवक से यह पुरानी लद्दाख़ी कविता सुनकर लगा, इसकी पंक्तियाँ नई चेतना को प्रकट करती हैं।

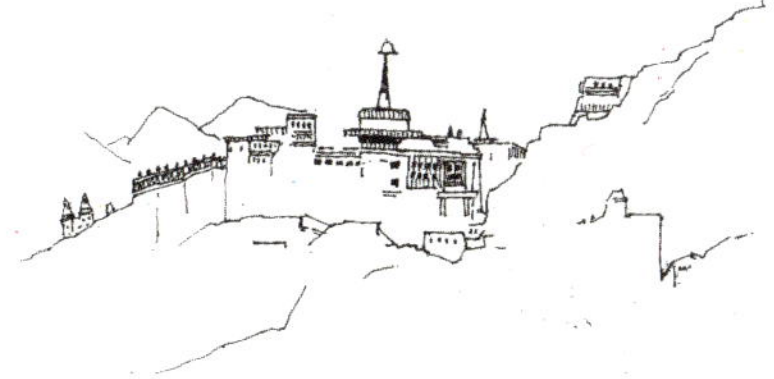

सभी ऊँचे लोग ऊँचे स्थानों में रहते हैं

आकाश पर पक्षियों के राजा के सिवाय और कोई नहीं उड़ सकता।

गर्मी के तीन महीनों में जो भी फल-फूल खिलते हैं—खिल जाते हैं।

इन तीन महीनों के सिवाय यहाँ कोई फूल नहीं खिलते।

फूल तो बस एक ही है—वह है मुझमें मेरी जान, मेरी अपनी जिन्दगी।

मैं अब केवल माँ का बेटा ही बना नहीं रहूँगा। जो चाहूँगा करूँगा।

इस एक जीवनकाल में जितनी खुशी मना सकूँ, मनाऊँगा। जब तक हो सके दिल बहलाऊँगा।

लद्दाख़ी भाषा

लद्दाख़ी तिब्बत परिवार की भाषा है। इसकी लिपि देवनागरी से मिलती है। दूसरी भाषा बाल्टी है। यह तिब्बती भाषा के नजदीक है। कुछ अन्य भाषाएँ भी यहाँ बोली-सुनी जाती हैं। दरदी, दाख़ी, डोगरी, नेपाली, यारकन्दी, उर्दू और इंग्लिश। यहाँ सेना की उपस्थिति होने से पूरे भारत का संवाद सुना जा सकता है।

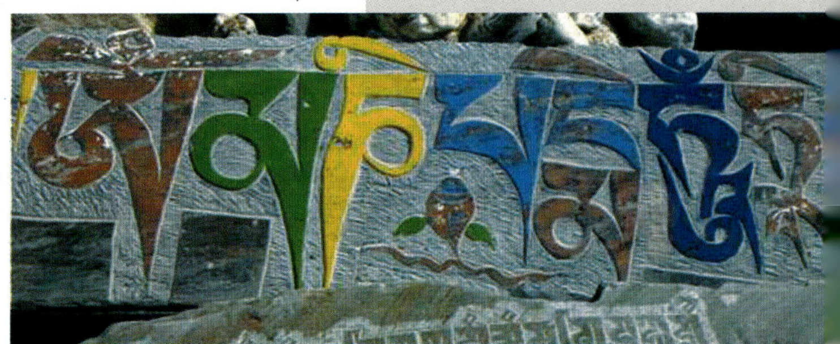

लद्दाख़ी अक्षर देवनागरी से मिलते-जुलते हैं। विद्वानों के अनुसार सातवीं शताब्दी

की देवनागरी और लद्दाख़ी के अक्षरों में समानता देखी जा सकती है। लद्दाख़ी खूब अच्छी हिन्दी बोलते हैं।

दोनों भाषाओं में कई शब्दों की ध्वनियाँ एक–दूसरे से मिलती हैं। हिन्दी में जो 'घर' है वह लद्दाखी में 'खर' है जिसका लद्दाख़ी उच्चारण उसे हिन्दी से अलग करता है।

दिलचस्प है जानना कि लद्दाख में प्रिंटिंग तिब्बत से आई। लकड़ी पर खुदे ब्लॉक प्रिंटिंग के लिए प्रयोग में लाए जाते थे। कृति छपने से पहले लकड़ी पर उसके ब्लॉक तैयार किए जाते थे। उसकी तुलना हमारे यहाँ की साड़ी प्रिंटिंग से भी की जा सकती है।

ससपोल

खिड़की में खड़े-खड़े सोच रही हूँ, आलची तक पहुँचे पर ससपोल नहीं देख सकी। हमलोग ड्राइवर को जोर देकर कहते तो कुछ देर तो वहाँ ठहर ही सकते थे।

अपने को समझाने की कोशिश की कि जो छूट गया, देखने से रह गया—उसे भूल जाओ। नदी में नहाने की शर्त बाँध रखी है, वह पूरी होनेवाली नहीं। दिन ही कितने बाकी हैं।

पानी की भरी थरमस उठाई और बाजार का चक्कर लगाते-लगाते टूरिस्ट सेंटर पर पहुँच गई। फाटक के पास ही परिचित सैलानी चेहरों से दुआ-सलाम हुई।

—हम कल श्रीनगर के लिए निकल रहे हैं। आज ससपोल जाने का इरादा है। आप तो हो आई होंगी।

—जी नहीं।

—एक सीट खाली है। आप चाहें तो...ड्राइवर साहिब सवारी के ही इन्तजार में हैं।

—मैं तैयार हूँ। सिर्फ दस मिनट लूँगी। ड्राइवर साहिब जरा मेरे साथ बेकरी तक चलेंगे।

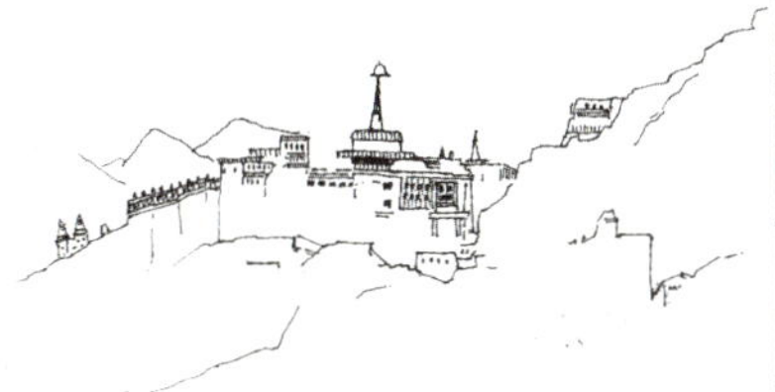

—जरूर साहिब।

बेकरी से ब्रेड, मक्खन, पनीर पैक करवा लिया। अब इत्मीनान। 60-70 मील की दूरी आराम से कटेगी।

गाड़ी लेह से बाहर निकली। देखा एक सुनसान मोड़ पर सेना की भारी फ्लीट की धुलाई हो रही है। खूब मोटे पाइप से पानी की घनी धारा। लगा जैसे सूखी दुपहर में नदी दीख गई हो। अन्दर तक तरावट।

ड्राइवर साहिब बोले—जनाब, सेना ने तो लद्दाख़ की काया पलट दी है। रात की रात में पुल बन जाए, छावनी खड़ी हो जाए।

-क्या लद्दाख़ी नौजवान भी शौक से सेना में भरती होते हैं?

-जी साहिब, अपने लद्दाख़ महाराज भी सेना में थे। लद्दाख़ के कड़ियल जवान कम बहादुर नहीं। सेना में इनकी तारीफ है।

मिस्टर जोजेफ के साथ उनके दोस्त बंगलोर से हैं। बोले—अपने यहाँ तिब्बती और लद्दाख़ी बच्चों को प्रशिक्षित करने का संस्थान है। वहाँ बच्चों को अलग-अलग विषयों में ट्रेनिंग दी जाती है। कुछ तो लौटकर गोम्पा में लामा भी बन सकते हैं।

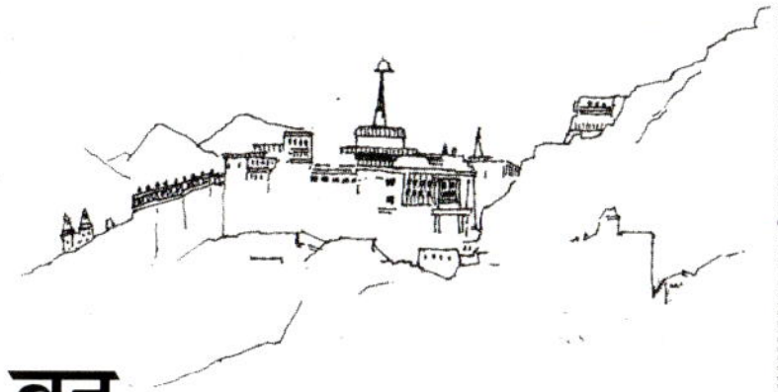

—साहिब, यहाँ के बच्चे खूब अच्छा पढ़ रहे हैं। डॉक्टर, इंजीनियर, प्रोफेसर बन रहे हैं। किताबें लिख रहे हैं।

—ड्राइवर साहिब, ड्रीमलैंड में बात चल रही थी कि यहाँ का हाइडल प्रोजेक्ट सालों के बाद भी एक ही जगह पर रुका हुआ है। उसकी क्या वजह है?

—साहिब, यह कहना गलत नहीं, इतने बड़े सरकारी प्रोजेक्ट अपने-अपने घर-गृहस्थी की ओर बहने लगे तो, वही होगा जो हो रहा है।

हमने जोजेफ साहिब से पूछा—लेह-लद्दाख में आपकी क्या पहली आमद है?

—जी।

—और आपकी?

—जी, वही पहली। काश कुछ वक्त और होता तो मानसरोवर तक जा पाती। देखिए फिर कब मौका हाथ लगता है। हाँ आज के लिए तो शुक्रिया आपका। मैं ससपोल बहुत जाना चाहती थी।

—रास्ता खासा लम्बा है। 60-65 मील तो होगा ही।

बाहर देखा—वही वैरागी सौन्दर्य।

आँखों को जब हरियाली की छवि दिखाई दी तो ससपोल नजदीक आता लगा। ससपोल! शब्दों की ध्वनि में कितनी समानता।

खाने के पैकेट और पानी की बोतलें होटल में छोड़—चाय के साथ कुछ ऑर्डर देकर हम अपने-अपने ढंग से घूमने निकले हैं।

ससपोल। वाह! हरियाली! हम समतल में विचर रहे हैं। मैं कभी धीमे, कभी तेज। हाँ, इतनी दूर न ही जाएँ कि लौटने में घंटों लगे।

लग कुछ ऐसे रहा है कि हम धरती पर नहीं—आकाश और पृथ्वी के बीच फैले एकान्त में चहलकदमी कर रहे हैं।

कुछ देर खड़ी रहती हूँ। किस दिशा की ओर बढ़ूँ कि अपनी मंजिल तक पहुँच सकूँ।

कन्धे पर लटक रहे बैग में से तावल ऊपर खींच लेती हूँ। पग भरती हूँ... कभी हल्के-हल्के दौड़ती हूँ... चली जा रही हूँ। बंगलोरियन टोली की पीठ दीख रही है। कुछ और आगे बढ़े। दूरी बनाए रखने को अब मैं धीमे चल रही हूँ।

दूर एक कोण से रुपहली धार चमकती है। बस वहीं। हाँ, दौड़ो नहीं। साँस चढ़ जाएगी। वहाँ तक पहुँचने से रह जाओगी तो—

ससपोल भी अधूरा रह जाएगा।

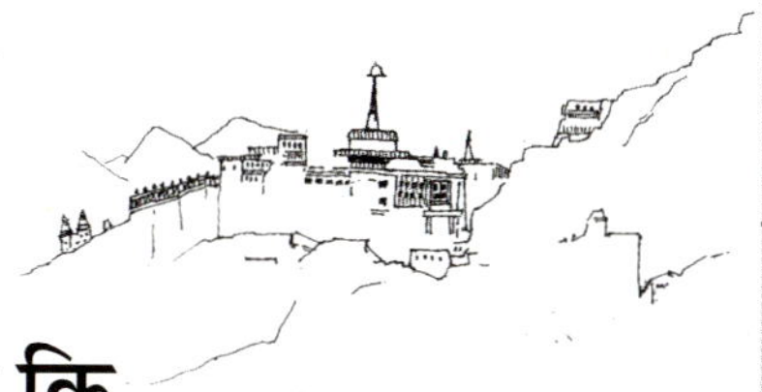

चल रही हूँ। चल रही हूँ। आँख से देख पा रही हूँ उस धार को जहाँ पहुँचूँगी कि नहीं—खबरदार। खामोश। अभी कुछ भी मत सोचो।

वह रहा बहते दरिया का रुपहला विस्तार... पास पहुँचकर दालचीनी रंग की चट्टान चुनती हूँ। यहीं, यहीं—

बैग उतारकर चट्टान की ऊँचाई पर रखा—ढलान पर बैठ कपड़े उतारे। पानी की धार से ओट भर मुँह पर छींटे दिए—बार-बार और सचेत पाँवों से पानी की धार में डुबकियाँ—जी भर-भर कर पत्थर पर बैठकर पाँवों से पानी का छलकारा।

यही, यही, यही मेरी चाहत थी कि नहा सकूँ—नदी में। सिन्ध में। एक बार फिर पानी में उतरती हूँ। बस तावल से पोंछ-पोंछकर।

चट्टान पर लेटी हूँ।

धूप चमक रही है।

पास नदी बह रही है।

ऊपर आसमान है—

कुछ और भी चाहिए क्या?

मैं आँखें बन्द करती हूँ।

यह क्या?

ट्यूनिस दीख गया।

ट्यूनिस के रेतीले सीमान्त पर मेरी दुभाषी दोस्त मुझे खजूरों का बगीचा दिखा रही है।

सीधे पेड़ों पर गहरे चटक संतरा रंग के कटीले पत्ते झिलमिला रहे हैं।

पेड़ों की कतारों तले चारपाइयों पर बूढ़े चेहरे फलों की रखवाली कर रहे हैं। ठीक हमारे देश की अमराइयों की तरह।

—मैम, कुछ दूर तक चल सकेंगी? आपको कुछ ऐसा दिखाना चाहती हूँ जो कभी न भूलें।

—जरूर।

हम एक साथ कभी रेतीली सतह पर, कभी पत्थरीली चट्टानों पर से आगे बढ़ रहे हैं।

—यहाँ से सावधानी से मैम—हम नीचे उतर रहे हैं।

जैसे कोई खोह हो। और नीचे और नीचे।

—अब दाएँ घूमकर नीचे देखिए, दाएँ घूमकर नीचे।

मटमैली कड़ी चट्टानों को फोड़कर नीले पानी के उछाल—झर-झर झरता झम्म-झम्म रेगिस्तान में यह निर्मल जल का सोता।

मैं मजबूती से कदम टिकाती हूँ और चेहरे पर, आँखों पर—रह-रहकर पानी के छींटे देती हूँ।

फिर ओक-भर पीती हूँ।

—कहाँ हो। सैलानी मेम?

लैंडरोवर का हॉर्न।

तुम नहीं—वक्त भाग रहा है।

ख्यालों में दिल्ली दिखने लगी है।

वक्त भाग नहीं रहा— भाग चुका है।

लौट गया है दिल्ली की ओर—

नहीं तो इस एकान्त में उसका ख्याल आए भी क्यों !

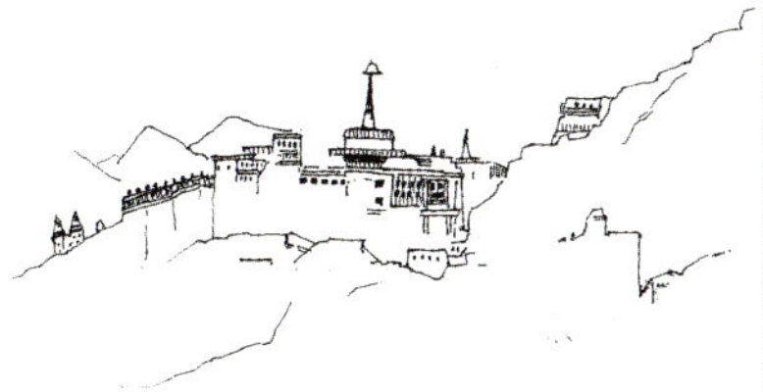

खारदूलांग

सुबह नाश्ते के लिए ड्रीमलैंड पहुँची। खाना शुरू ही किया था कि टूरिस्ट विभाग के साहिब खारदूलांग के लिए मेरा परमिट ले आए।

–मैम, गाड़ी बाहर खड़ी है। आप जाने के लिए कितना वक्त लेंगी?

–सिर्फ दस मिनट। हाँ, लैंडरोवर में हम लोग कितने होंगे?

–तीन।—आप, मैं और ड्राइवर साहिब।

–आप इत्मीनान से नाश्ता लें, हम बाहर इंतजार कर रहे हैं।

हमने नाश्ता खत्म किया और लंच के लिए तीन पराँठे और तीन आमलेट ऑर्डर किए। थरमस में पानी भरवाकर हम खारदूलांग के लिए निकले। शहर से बाहर निकलते-निकलते जैसे पहाड़ों की शृंखलाएँ दूर पर दूर होती गईं।

एकाएक लैंडरोवर रुकी, पहाड़ के निर्जन वीराने में एक तम्बू के सामने। ड्राइवर साहिब ने परमिट दिखाया, रजिस्टर में एंट्री की और गाड़ी सन्नाटे को चीरती चढ़ाई पर सरकने लगी।

काश परमिट चैक करने की ऐसी ड्यूटी मेरे पास होती! मैं मुस्तैदी से उसे निभाती और अपनी सोच को भी कागज पर उतारकर ढंग से अंजाम देती। टूरिस्ट साहिब

बताते हैं कि यह वह जगह है जहाँ 'हकीकत' फिल्म की शूटिंग की गई थी। मैं 'हकीकत' के फौजी नायक बलराज साहनी को यूनीफॉर्म में देखती हूँ और भीष्म साहनी को याद करती हूँ। लगा इस सुनसान में 'हकीकत' का शोर किसी चोटी के पीछे से अब भी धड़क रहा है। रोवर के पहिए चढ़ाई को माप रहे हैं और साथ-साथ दौड़ रही हैं काली, भूरी, ग्रे चट्टानें। आँखें वीराना देख-देख परेशानी से ऊँघने लगीं। गला सूखने लगा। दो-चार पानी के घूँट लिये। बस इतना ही। पानी है बेशकीमती। एक लम्बी चढ़ाई के बाद टीन की छतवाला लम्बा शेड। जरूर कोई सरकारी गोदाम होगा।

चढ़ाई में कई मोड़। पत्थरीले नंगे पहाड़ों की शृंखलाएँ। लेह की पीठ का पठार है खारदूलांग। खारदूलांग जिसे खरदूला भी कहते हैं, हिममंडित ग्लेशियर है। लेह के पिछवाड़े से निकलते ही पहाड़ों के हल्के रंग गहरे होने लगते हैं। भूरे ग्रे और स्लेटी पहाड़ों को आकाश की नीलाहटें अजीब पत्थरीलेपन से दमकाने लगती हैं। इतनी ऊँचाई पर किरणें ऐसे चमकती हैं कि अपनी गर्मी से बर्फीली नदी भी नालों के पानी को सोख लेती है और पानी का गीलापन धूप की तेजी से भाप बनकर उड़ता चला जाता है।

चढ़ाई पर धीमी चाल से गाड़ी आगे सरकने लगी है। गाड़ी लगभग सड़क के किनारे। मैं नीचे की ओर देखने में झिझकती हूँ कि अगर इतने ऊँचे से गिरें तो

होगा पूर्णविराम। अगले मोड़ पर आसमान पर जड़ा एक सीमेंट का दरवाजा नजर आया। जी हाँ, अब हम इसी में से गुजर कर ऊपर जा रहे हैं। वह रहा हिम-शिखर खारदूलांग। बर्फ का पहाड़। पहाड़ पर ताजी बर्फ नहीं—कड़ी बर्फ का पहाड़ है। बर्फ...बर्फ...बर्फ...—इसे कहते हैं ग्लेशियर! धूप चमका रही है इसकी धवलता को। ऊपर हैलीकॉप्टर मँडरा रहे हैं। और वायरलेस के खम्बों पर लहरा रही हैं बौद्ध पताकाएँ। गाड़ी से उतर मैं बर्फ पर चल रही हूँ। बर्फ पर चलते हुए तिलकन—फिसलन।

मैंने जूते उतार लिये हैं।—मोजे पहने-पहने ही सँभलकर चल रही हूँ। टूरिस्ट साहिब कहते हैं—आइए, आपको वह चट्टान दिखाते हैं—जो बर्फ से ढँकी है, उसके नीचे पत्थरीला खोल है। यहाँ एक न एक कैलेंडर देवी-देवताओं का टँगा रहता है। वैसे यहाँ के तूफानी अन्धड़ में तो कार भी उड़ सकती है, कैलेंडर कैसे टिके रहते हैं—यह अचरज ही है। यहाँ से गुजरनेवाले सभी सैनिक जवान उसके आगे सिर झुकाते हैं।

मोजे पहने-पहने वहाँ पहुँची तो चट्टान बर्फ-सी सर्द। चट्टान की खोल में दो कैलेंडर माँ दुर्गा और लक्ष्मी के बर्फ में ही खोंसे हुए हैं। खारदूलांग की तेज हवाओं में न जाने कैसे टिके हैं। हमने विस्मय से कहा—यह तो हवा से उड़ जाते होंगे। हाँ मैम! ऐसा होता है तो हमारे जवान नया कैलेंडर लगा देते हैं।

मैं पहले बर्फ पर दौड़ती हूँ फिर फिसलने के डर से वहीं कहीं बैठ जाती हूँ।

टूरिस्ट साहिब कहते हैं—मैम, आप चाहें तो कार में बैठें।

—नहीं, मैं यहाँ पहुँच सकी हूँ, यह मेरे लिए मूल्यवान है।

लहराती चमकती धूप में पताकाएँ।

टूरिस्ट साहिब से पूछा—यह पताकाएँ कैसी हैं?

—इधर आते-जाते लोग मन में कुछ धार लेते हैं और खम्बों पर पताकाएँ फहराते हैं।

—यह बात तो मुझे भी आपको बतानी चाहिए थी। मैं मन में कुछ भी न धारूँ तो भी इस ऊँचाई पर पताका तो फहराना चाहती। मुझे इस बात को सोच-सोच कर परेशानी हो रही है, इतनी कि लगता है इसके लिए दुबारा आना होगा।

हम तीनों ने खाने के पैकेट खोले। ड्रीमलैंड वाले पैकेट में वही और उतना ही है जितना टूरिस्ट साहिब और ड्राइवर साहिब के पैकेटों में है। तीन पराँठे और तीन-तीन आमलेट।

देखकर हम तीनों जन हँसे।

इसे ही कहते हैं बराबरी और इसे ही कहते हैं लद्दाख़।

पताकाएँ फिर नजर आईं। मैंने अपना शॉल उतारा। मन में तहैय्या किया कि मैं

इसे यहाँ लहराकर ही जाऊँगी। ऐसा न हुआ तो मुझे एक बार फिर यहाँ आना होगा। मैंने शॉल आगे किया—लीजिए। ड्राइवर साहिब इसे किसी भी तरह खम्बे पर फहरा दें।

-मैम, गर्म शॉल भारी है, टिकेगा नहीं। हवा से नीचे गिर जाएगा।

-कोई बात नहीं, गिरेगा भी तो इसी बर्फीले ग्लेशियर पर। उज्ज्वल बर्फ पर।

सुनकर दोनों हँसे—आप ऐसा करेंगी ही तो शॉल उठाने के लिए हमें फिर यहाँ आना पड़ेगा।

मैं पताका को लेकर गम्भीर थी। मैंने सुनहरी गोट वाली हल्की-फुल्की ओढ़नी उन्हें पकड़ा दी और शॉल ओढ़ इन्तजार करने लगी कि कब वह पताका बनकर ऊपर पहुँचे। ड्राइवर साहिब ने ऊँची छलाँग भरी और देखते-देखते मेरी झूठ-मूठ की पताका तारों में उलझकर लहराने लगी।

मैंने गहरे भाव से खारदूलांग को सलाम किया। मुमकिन हुआ तो फिर आऊँगी, नहीं तो आज यहाँ इस बर्फीले ग्लेशियर पर पहुँच जाना मेरा सौभाग्य।

आख्यान की स्मृति

मोन और दरद लद्दाख़ में आकर बसने वाली प्राचीनतम जातियों में कहे जाते हैं। ये लोग पहले तिब्बत में बसे फिर लद्दाख़ की ओर, सुनसान विस्तारों की ओर बढ़ते चले आये।

लद्दाख़ में 'दरद', 'द्रास' और 'दाह' में इनके कबीले बसे हैं।

द्रास के कबीलों ने तीन सदियों पहले इस्लाम कबूल कर लिया।

'दाह' में रहने वाले 'दरद' अपनी मूल जातीय अस्मिता को आज तक बनाये हुए हैं। उन्होंने धर्म-परिवर्तन नहीं किया, न इस्लाम स्वीकार किया और न ही बौद्ध-धर्म।

'दरद' के सम्बन्ध में यह जानना बहुत ही दिलचस्प है कि ये लोग हर तीन बरस में एक ऐसा त्यौहार मनाते हैं जो एक साथ अद्भुत और अनोखा है। देशान्तरण और धर्मान्तरण के पहले कालखण्ड की स्मृति को मौखिक स्मरण-स्त्रोत में दोहराते हैं।

सदियों-सदियों देशान्तरण से पहले सिन्ध घाटी में अपने पूर्वजों और उनकी बस्तियों की याद वो आज भी दोहराते-गाते हैं। सिन्धु घाटी से अपने ऐतिहासिक विस्थापन के बाद भी जातीय स्मृति अपने अतीत को भूलना नहीं चाहती। 'दरद' कबीलों का यह स्मृति-समारोह अपने अतीत को आख्यान की वाचन संगत के

'लद्दाख के मुसलमान पीढ़ियाँ पहले बाल्टीस्तान से आकर यहाँ बस गए थे। इनमें से कुछ नूख्कशी हैं अधिकतर शीया और बाकी सुन्नी।'

रूप में आज भी जीवित रखे हुए है। इस स्मृति-आख्यान में दरद उन सब बस्तियों के नाम दोहराते हैं जो उनके पूर्वजों ने सिन्धु की तरफ बसाई थीं। कहते हैं दरद तिब्बत में बहुत प्रभावशाली थे। तिब्बती सेनाओं ने उन्हें चुनौती दी। किले को घेर लिया। जब खाने की रसद खत्म हो गयी और सेनाओं ने चारों ओर से घेर लिया तो दरद बहादुरों ने निर्णय लिया कि पराजित होने से मरना अच्छा। जिस नींव के खम्बे पर किले की इमारत खड़ी थी- उसे बुजुर्ग दरद ने खींचा और सभी जीवित नीचे गिरकर गर्क हो गए।

विस्थापन और देशान्तरण की त्रासदी द्वारा पीढ़ी-दर-पीढ़ी, शताब्दियों तक अपने अपरिवर्तनीय अतीत को गाते चले जाना ही शायद मानवीय इतिहास लिखने की शुरुआत होगी।

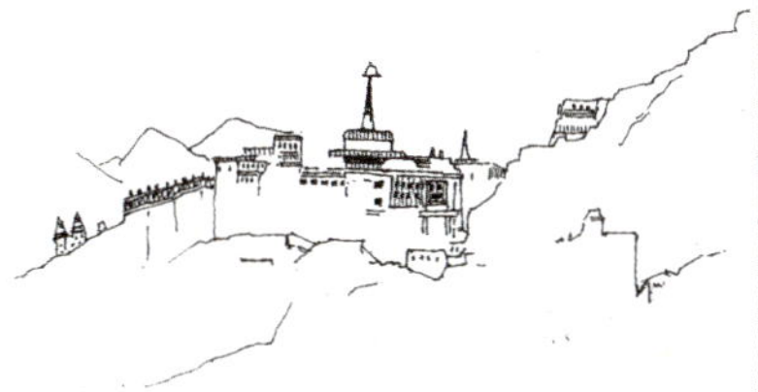

लेह के कमिश्नर साहिब के यहाँ

कल रात लेह के कमिश्नर साहिब के यहाँ डिनर का निमन्त्रण था। अविस्मरणीय शाम। पकवानों के लिए नहीं—ख़ासियत कुछ और ही थी। काँच से बने ग्लास हाउस में डिनर सर्व किया गया। देखा विशिष्ट अतिथि की तरह सामने काँच में से रात की सभाओं के नायक, चाँद निहार रहे हैं। खिली चाँदनी। रात के निर्मल आकाश पर ऐसी छब देखी जो पहले कभी नहीं देखी थी। लगा जैसे मेज पर रखे डोंगे आकाश की पैंट्री में से ही बनकर आ रहे हैं। ग्लास हाउस में तैरती हमारी आवाजें भी ऐसे सुन पड़ीं जैसे आकाश की वीथि पर से ही संवाद हो रहा हो। अद्‌भुत थी यह रात।

श्रीमती कपूर और कपूर साहिब का धन्यवाद कर गर्मजोशी से हाथ मिलाया और लद्दाख़ी रात के सजीले लैंडस्केप को अपनी अन्तरात्मा में समेट सर्किट हाउस पहुँच गई। खिड़की की ओर लेटकर आँखें खारदूला के दृश्य दोहराने लगीं। सड़क के किनारे बनी शेड से एक सुहाती छवि बार-बार आँखों के सामने आती। हिम-शिखर के नीचे वाले हिस्सों में जहाँ बर्फ की पर्त नहीं थी वहाँ सड़क के ऊपर से बूँद-बूँद पानी टपककर नीचे की ओर बह रहा है। कई किलोमीटर नीचे उतरकर गाड़ी में से दिखी एक पानी की तलैया। गाड़ी रुकवाकर मैं पत्थरीली राह से नीचे उतरती गई और ठीक बाएँ हाथ के तालाब के किनारे एक चट्टान पर जा बैठी। उस ठंडे सर्द पानी की ओक भरी और जी भरकर मुँह पर छींटे दिए। पानी पीया और सबसे बाद उसमें पाँव डालने को हुई, फिर अपने को रोक लिया। इतने ठंडे जल में पाँव नहीं! कुछ देर और, काश कुछ देर और बैठ सकती। अब लेटे-लेटे यह भी मन में उभरता रहा कि दिल्ली लौटने की इतनी जल्दी भी क्या?

एक और ख्याल कौंधा। पन्ने पर यह लिखकर पोस्टर की तरह एक ग्लेशियर पर लटका दिया होता कि—''हिमराज आपने अपनी सबसे निकट धरती पर रहनेवाली सन्तानों के लिए भला जल प्रदान करने में इतनी मितव्ययिता क्यों बरती।''

रात एकाएक नींद खुली। लगा कमरे में किसी ने टॉर्च फेंकी हो। खिड़की से अन्दर आती चाँदनी का प्रकाश था। इतना स्वच्छ कि ऊपर ओढ़े हुए कम्बल के

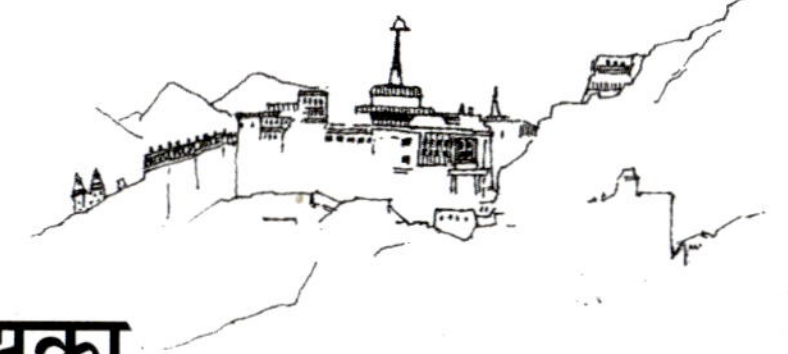

अलग-अलग रंग दीखने लगे। आकाश खिड़की को घेरे है और काँच पर झुका है चाँद का मुखड़ा।

भला मैं आज ही यहाँ से क्यों चली जा रही हूँ। मेरा दिल्ली पहुँचना जरूरी न होता तो दिन के बाद पैंगकोंग झील देखती।

करवट लेने को थी कि उठकर खड़ी हो गई। सोने को तो प्लेन में भी सोया जा सकता है। घड़ी देखी—साढ़े तीन। शॉल ओढ़ा। टॉर्च ली और कमरे के कपाट भिड़ा दिए और सीढ़ियों से नीचे उतर गई। खुले में टहलते हुए सोखने लगी अपने में गहरा पारदर्शी सन्नाटा जैसे वह ऊपर के सितारों की लौ में अपने अँधेरे में जगमगा रहा हो। नीचे दिल्ली में अपने जीने की दुनिया से अलग वह चाँद, वह तारे, यह धरती और सामने बिछी सर्किट-हाउस की ओर आती सड़क जैसे धरती को आकाश से मिलानेवाली पगडंडी हो। उस पर भी क्यों न चल लिया जाए लेह की इस प्रभात बेला में।

फाटक खोलने के लिए हाथ बढ़ाया—घड़ी देखी। कुछ देर रुकना ठीक होगा।

मैं अब सड़क पर चल रही हूँ। लेह को घेरे हुए पथरीली शृंखला को देख रही हूँ। खामोशी में अपने पैरों की आहट सुन रही हूँ। अन्तर में ऐसा भास रहा है कि इस अमृत बेला में जो भी घट रहा है वह पहली बार है। और शायद अन्तिम भी।

याद हो आई बौद्ध प्रवचनों की दो पंक्तियाँ—

जो भी देखो, ऐसे देखो जैसे जीवन में पहली बार देख रहे हो—

फिर ऐसे देखो जैसे जीवन में अन्तिम बार देख रहे हो।

वही।

बुद्ध के कमण्डल में उदय होती उषा को मानो पहली बार देख रही हूँ—देख रही हूँ अन्तिम बार भी जैसे हिमालय के पीछे से फैलती लालिमा को हमारे पूर्वजों ने देखा था।

लद्दाख़ : अन्तिम पत्र

लेह से फ्लाइट दिल्ली की ओर—और मैं विमान में बैठी-बैठी उड़ रही हूँ। लद्दाख़ हिमालय से खुलते सीमान्तों की ओर। सुनसान सन्नाटों की ओर, पथरीले रेगिस्तान की रंग-बिरंगी चट्टानों की ओर। भूरी, काली, ग्रे दालचीनी, मटमैली चट्टानें और ऊँचाइयों पर चमकते बर्फीले ग्लेशियर। तेज धूप सेंकते बौद्ध गोम्पा। ऊपर धूप धुला आकाश, सिन्ध की छोटी बहनियां जन्सकार और दोहरी साँझ में चमकते द्रास पर प्राचीनतम आभा की उदासी और नई कारों की चहल-पहल और पितामह तुल्य हिमालय से निकली नदियाँ और उन्हें शुष्क आँखों से निहारती शिलाखण्डी अहिल्याएँ। शिखरों के मौन तले जलधाराओं को निहारती मानो कहती हों—

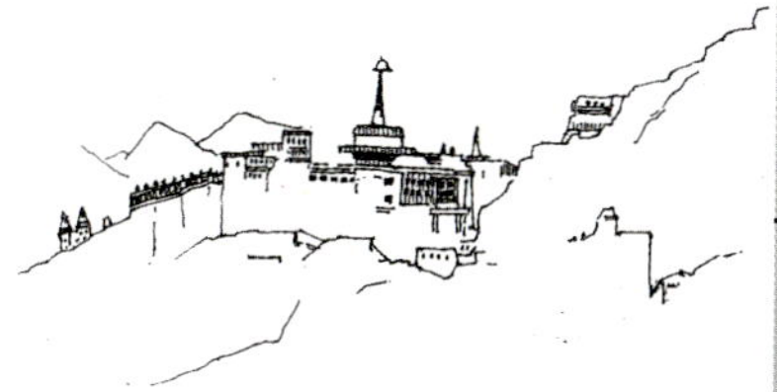

—जो हमें मिला वह तुम्हें नहीं और जो तुम्हें मिला वह हमें नहीं।

—तुम दूर-दूर बहोगी और हम यहीं बनी रहेंगी—हवाओं का नर्तन देखने को, अपने सम्बन्धियों को निहारने को। तुम निरन्तर बहती रहोगी और समुद्र से मिलती रहोगी फिर भी कुछ तो हमारे पास ही से बहोगी। पितामह निर्मल जल के अपार अगाध स्त्रोतों को थामे रहेंगे और निष्कलंक गति को साधे रहेंगे। हमें वरदान पर वरदान देने को।

हम हरियाली बनाए रखें, हम नदियों, झरनों और ताल-तलैयों को स्वच्छ रखें। उनके जल की निर्मलता बनाए रखें। जल हमारी धरती को, खेतों की हरियाली को, हमारे प्राणों को जीवित रखने वाला स्पन्दन है। अपार शक्ति का पुंज है। हमें मिला है, पवर्तराज हिमालय की कृपाओं से।

पर्वत वह सबसे ऊँचा, हमसाया आसमाँ हमारा
वह संतरी हमारा, वह पासबाँ हमारा

मैं ऊँचाइयों से नीचे उतरने की थकन में ही गुनगुनाने लगी थी कि सुरीले गले से किसी ने इक़बाल के गीत की पहली पंक्ति उठाई—